Emilia Pardo Bazán

La sirena negra

Barcelona **2024**
Linkgua-ediciones.com

Créditos

Título original: La sirena negra.

© 2024, Red ediciones S.L.

e-mail: info@linkgua.com

Diseño de cubierta: Michel Mallard.

ISBN tapa dura: 978-84-1126-163-0.
ISBN rústica: 978-84-9953-989-8.
ISBN ebook: 978-84-9007-915-7.

Sumario

Brevísima presentación

La vida

Emilia Pardo Bazán (1851-1921). España.

Nació el 16 de septiembre en A Coruña. Hija de los condes de Pardo Bazán, título que heredó en 1890. En su adolescencia escribió algunos versos y los publicó en el *Almanaque de Soto Freire*.

En 1868 contrajo matrimonio con José Quiroga, vivió en Madrid y viajó por Francia, Italia, Suiza, Inglaterra y Austria; sus experiencias e impresiones quedaron reflejadas en libros como *Al pie de la torre Eiffel* (1889), *Por Francia y por Alemania* (1889) o *Por la Europa católica* (1905).

En 1876 Emilia editó su primer libro, *Estudio crítico de Feijoo*, y una colección de poemas, *Jaime*, con motivo del nacimiento de su primer hijo. *Pascual López*, su primera novela, se publicó en 1879 y en 1881 apareció *Viaje de novios*, la primera novela naturalista española. Entre 1831 y 1893 editó la revista *Nuevo Teatro Crítico* y en 1896 conoció a Émile Zola, Alphonse Daudet y los hermanos Goncourt. Además tuvo una importante actividad política como consejera de Instrucción Pública y activista feminista.

Desde 1916 hasta su muerte el 12 de mayo de 1921, fue profesora de Literaturas románicas en la Universidad de Madrid.

I

En la esquina de la Red de San Luis y el de Gracia, me separé del grupo que venía conmigo desde el teatro de Apolo, donde acabábamos de asistir a un estreno afortunado. Si hablase en alta voz, hubiese dicho «grupo de amigos», pero, para mi sayo, ¿qué necesidad tengo de edulcorar la infusión? Espero no poseer amigo ninguno; no tanto por culpa de los que pudieran serlo, cuanto por la mía. Si alguna vez me he dejado llevar del deseo de comunicación, de expansión, de registrarme el alma y enseñar un poco de su oscuro contenido a la media hora de hacerlo estaba corrido y pesaroso, según estaría un sacerdote hebreo que hubiese permitido a un profano tocar al arca de alianza.

Por lo mismo, me guardé de terciar en la polémica que armaron sobre «la idea» de la obra. La tal idea es ya para mí una persona de toda confianza: por sexta vez en este invierno la aprovecha un autor. Según los recitados, cantares y diálogos de la zarzuelilla, la vida es buena, la alegría es santa y los que no andan por ahí chorreando satisfacción son unos porros. No sé por qué (acaso por efecto de la discusión trabada entre los del grupo, y que me golpeó en el cerebro con redoble de martillazos secos y ligeros sobre una placa sonora), la cuestión, en aquel momento, me preocupaba. Ningún problema, para el que vive, revestirá mayor interés que este de la calidad de la vida.

Y, aunque preocupado, mediante la facultad de desdoblamiento que poseemos los meditativos sensuales, no dejaba yo de notar una serie de insignificantes circunstancias. Bajo mis pisadas, la acera resonaba metálicamente. La noche era límpida; el frío, puñalero; y al abrigo del tapabocas de malla de seda, mi respiración se liquidaba en gotitas glaciales, humedeciendo la barba. Se me ocurrió tomar un coche; después opté por seguir andando. El frío duro me activaba el pensar, y en aquel mismo instante decidí plantearme yo el problema, aprovechando todas las ocasiones de caminar hacia su resolución, no en beneficio del género humano, sino para mi gobierno tan solo. El «género humano» es el vocablo más vacío de sentido; no hay humanidad, hay hombres. Si algo se afirma del género humano, los hombres se encargan de desmentir al punto la afirmación. Rumiando estas afirmaciones, saqué el pañuelo y sequé las esférulas que me aljofaraban la barba, impregnada de brillantina olorosa.

Al entrar en la calle de Jacometrezo, interrumpió mis cavilaciones una criatura de mantón gris, de ojeras carbonadas. ¿Qué opinará del vivir esta mujer, a quien rechazo con fastidio como a una mosca? No necesito preguntar: si hay algo previsto, conocido, de psicología rudimentaria, es el poso del ánimo de estas galantes callejeras. Las llaman de la vida, por antonomasia, y, a más, de la vida alegre. Para olvidar un instante lo alegre de su vida, fuman, gritan, riñen, se embeodan, insultan —y su ideal, su dorado sueño, es acostarse temprano y dormir a pierna suelta.

Cien pasos más allá, el sereno se inclina sobre un hombre espatarrado en el suelo. A mi ademán auxiliador y a mi pregunta, el vigilante responde solícito para mí y compasivamente desdeñoso para el caído. «Nada, lo diario: un borracho que todas las noches se tumba exactamente en esa rinconada misma... Nunca llega a su casa, que dista dos pasos... Y es lástima de él: un carpintero, perito en su oficio, con cinco chiquillos que caben debajo de una cesta...»

Cuando le enderezamos, algo líquido, viscoso, resbaló por mi mano, que sacudí con repugnancia. Era sangre. «Está herido», advertí al sereno; y le llevamos con mayores precauciones a su morada, edificio angosto y caduco, de esos que abundan en las vías más céntricas del Madrid viejo. Salió la esposa, abotagada de sueño, desgreñada: vio la rotura de la cabeza de su marido, y maldijo y se desdichó: «¡Gaste usted ahora en médicos y botica!» Al oír los consuelos negativos del sereno —en vez de un herido, pudiéramos traer un difunto, si el filo de la acera le coge de otro modo— renegó la comadre: «A un difunto no le duele ná. Él dice siempre que los pobres nunca estamos mejor que difuntos...»

Dejé un duro para botica y pedí un poco de agua para lavarme la mano maculada. Me sacaron de la trastienda una palangana tan negruzca, que opté por taponarme sencillamente con mi pañuelo. Me alejé, sintiendo un escozor irritado, un enojo sordo. La noche no me ofrecía sino impresiones «de color sombrío», como las palabras leídas por el Dante sobre el dintel de la puerta del infierno. Sin embargo, de análogas impresiones se sacan obrillas aplaudidas, donde el vicio y la borrachera son temas regocijados. Debe de consistir la sabiduría en mirar todas las cosas desde un punto de vista gayo y saltarín; de seguro yo no sé colocarme en él: peor para mí, ¡qué demonio!

Todavía me dirigí otro reproche. Aunque no creo en la humanidad, concepto hueco, palabra de meeting, un instinto de estética moral me induce a mostrarme piadoso con los desgraciados y los insignificantes, cuando me los encuentro al paso. Me pesaba de no haberme quedado velando al carpintero, de no haber buscado para él un médico y remedios y hasta de no haberle dado consejos sobre la mala costumbre del alcohol. ¿Causas de mi abstención? Dos, que voy a declarar. La primera, una especie de pudor vergonzoso de practicar eso que se llama el bien, la beneficencia, y que no comprendo en relativo, sino en absoluto —dedicando a ello la existencia toda—. El hacer algo caritativo acarrea el que se apeguen a uno caninamente, o siquiera el que le den a uno gracias y le ensalcen por su bondad, otras tantas mentiras, pues privarse de lo que nos sobra, ¿qué bondad revela? La segunda, un miedo a la acción, que no puedo (ni quiero) vencer. La acción es enemiga de los ensueños y reflexiones, en que encuentro atractivo singular. Ni hay acción tan noble como una idea: pensar lo que estoy pensando, vale más que correr a casa de Alejandro San Martín y traerle a la cabecera de un beodo que batió contra una piedra saliente. ¡Pss! Allá él. Zurrapa más, zurrapa menos en la barrica...

Encogiéndome de hombros, sigo —sin prisa— hacia mi casa. En la plazuela trabajan, a estas altas horas, obreros del alcantarillado y del Canal. Según parece, su labor no puede interrumpirse. Un arroyo de agua helada corre bajo sus pies. Para no quedarse hechos unos carámbanos, han encendido un brasero, al cual por turno se arriman, resoplando y estirando las manos engarrotadas. Para impedir que los transeúntes sufran percances, han colgado un farolito avisador sobre los adoquines arrancados y apilados. Antes que dedicarse a tal labor, ¿no preferiría yo... otra cosa? ¿Será que ellos también, como las coristas que desafinaban hace una hora en Apolo, entienden que la vida es

> muy rica y buena,
> prenda divina
> de encantos llena?...

Un poco más adelante —tropiezo que pudiera ser divertido— avanzan por la acera, pegadas al caserío, recelosas, dos mujeres no mal vestidas, pulcramente calzadas. Las reconozco: son las modistas del tercero de mi casa, muchachas de San Sebastián, que han venido a establecerse en Madrid. Suelo encontrármelas en la escalera. La mayor es agraciada, fresca aún, a pesar del trabajo y del sedentarismo. La menor es coja; su pierna desigual la hace pegar saltos de codorniz, asaz ridículos. Emparejo con ellas y las ofrezco mi compañía: se me antoja saber si resuelven que la vida es buena. Ellas suponen que voy con otro fin, fin condenable y gustoso. La mayor se atribuye la conquista; la coja, en su humildad de lisiada, nunca imagina que tales cosas vayan con ella. Para entrar en materia, las pregunto si están contentas de Madrid y qué tal marchan sus negocios.

—Regular. Por ahora, no sabemos... ¡Las señoras son tan raras! Hasta que nos acostumbremos a sus caprichos...

¿De dónde venían? ¡Casualidad más sorprendente! Del mismo teatro que yo, solo que a la salida unas amigas las habían convidado a chocolate... ¿El estreno? Bonito; música muy animada.

—¿Y qué opinan ustedes de eso de que la vida es buena? Pilita... Manola... ¿Están ustedes contentas de haber nacido?

La pregunta fue contestada con risas y dichetes. Creían que bromeaba, y no se quedaban atrás. Probablemente (después se me ha ocurrido) estas dos abejas cuyo dardo es la aguja no se encuentran desgraciadas. Yo sí que me encontré cándido al elegir para mi indagatoria tales sujetos. A fin de desviar la conversación, las dirigí unos cuantos requiebros insulsos, antes de dejarlas a la puerta de mi domicilio. Subir con ellas de bracero, era una pacheca insoportable, y preferí callejear un poco todavía.

No sé qué tienen, en las horas que preceden al amanecer, sobre todo en invierno, cuando la noche es más noche, las calles de una capital populosa. Detrás de las imponentes puertas de los palacios; detrás de las ventanas, parecidas a ojos que dejaron caer sus párpados al adormirse —¡qué infinito misterio! ¿Por qué esta suspensión de la vida, en toda la ciudad a la vez?— La multitud recogida en sus dormitorios, miseros o confortables, ¿no está realmente como si hubiese muerto? ¿No es cada alcoba, cerrada y tibia, una antesala del sepulcro? Y este silencio, esta paz letal de la noche, ¿no es el único período delicioso, dulce, apacible de las veinticuatro horas que tejen el giro diurno?

Cuando, por casualidad, el trasnochador se cruza con otro trasnochador, ¿no sienten los dos un movimiento de desconfianza, de medrosa curiosidad? Solo velan y solo ambulan fuera del nicho de sus dormitorios las almas perdidas por la miseria, por la delincuencia o por el amor clandestino. Si veo a un trasnochador derrotado, mendigo o malhechor; si a un burgués bien trajeado, de tapabocas, subido el cuello del gabán, amante oculto. Y el caso es que yo no soy lo uno ni lo otro, y también vago, transido y envarado de frío ya, de ese frío matinal, tórpido, que no es como el del anochecer, porque se complica con el agotamiento nervioso, causado por el insomnio. Esta reflexión me hace detenerme al pie de la blanca fachada, correcta, tranquilizadora, del Teatro Real. ¿Qué hago en las calles, dando diente con diente? ¿No tengo mi alcoba, tan silenciosa, tan recogida, mi cama tan cómoda, de dorado bronce, con un sommier y un colchón que convidan a tenderse en ellos, con un edredón relleno de plumón de ánade, que halaga sin pensar, que al apoyar en él la palma, brinca y se hunde fofo para volver a erguirse inflado?

«¿Cuántos me lo envidiarían?», pensé; pero al iniciar la retirada hacia mi agujero, me faltó fuerza de voluntad y seguí calle del Arenal adelante. Una transparencia lívida se difundía en el firmamento: el amanecer. La iglesia parroquial abría sus puertas para la primera misa. Subí la escalera, crucé el atrio, me deslicé en la sacristía penumbrosa, y por una puertecilla entré en la nave. El contacto de la recia estera fue simpático a mis pies, que, a pesar de la caminata, eran dos montones de granizo. En un rincón un banco se ofreció a mi fatiga; me dejé caer en él; y, sin ser poderoso a resistir, rendido, exánime, cedí a un letargo repentino, de esos que saltean al jinete sobre su montura, al timonel con la mano en la caña.

Al despertar, siendo ya día claro, no sabía dónde estaba, y fue grande mi asombro cuando vi de soslayo el retablo del altar mayor y a mi lado un púlpito. A decir toda la verdad, desperté porque el sacristán me dio palmadas en un hombro, y me silabeó en el hueco del oído un «pssit, ¡he!, ¡caballero!» bastante encolerizado. Parece que existe y está clasificada la variedad de los trasnochadores que gustan de descabezar un sueño en el apacible recinto de las iglesias, a la madrugada, y que los monagos abrigan contra esta ralea justificada prevención y la corren como a los perros intrusos.

Hice mis genuflexiones y salí del templo enervado, con el malestar del insatisfecho, de la función fisiológica interrumpida. Bebí en cualquier sitio un vaso de café caliente para despabilarme, y al contrario, diríase que aumentó mi afán de reposo, mi nostalgia de la muerte temporal, mi sed de la nada. Salté dentro de un alquilón y di mis señas. Amodorrado y cabeceando contra mi pecho en el ángulo del clarens, donde no me atrevía a recostarme temeroso de la impureza promiscua depositada allí por tantas cabezas, iba pensando que es una niñería humana el temer a ciertos modos de morir, pues muérase como se muera, ello es que descansamos. El sueño que yo buscaba en mi alcoba, donde no faltan refinamientos, no iba a ser más dulce y total que el hurtado sobre duro banco en el rincón de una iglesia. Tomado ya el sueño, logrado el aniquilamiento, ¿qué importan precedentes?

Entré con mi llavín; los criados seguramente no se habrían levantado; mi hermana, menos; la casa estaba muda. Encendí mi serpentina de gas fluido, y a los cuatro minutos tuve agua caliente para las abluciones. Enjabonado, pasada la esponja de mil ojos, enjuto, reaccionado, me vestí el camisón, y llegó el momento mágico de alzar las ropas y deslizarse, ágil y desmadejado a un tiempo, en la ancha cama, suspirando de placer. La frialdad de las sábanas cede a la corriente de calor que pronto establece el cuerpo; el colchón rebota con suave elasticidad al dar yo vuelta y arroparme; los ruidos de la calle se extinguen para mí... Por última vez, suspiro de bienestar... Duermo.

II

Mi hermana Camila tiene, acerca de mí, proyectos matrimoniales. Creo que es el caso general de todas las hermanas, a menos que sea el contrario –un odio corso a cualquier ser femenino que su hermano distinga.

Propala mi hermana que ha sido muy feliz en su matrimonio; y no lo dudo, entre otras razones porque la unión duró cinco o seis años, y mi cuñado estuvo dos de ellos en Cuba, arreglando negocios pendientes. Si Camila fuese franca, confesaría que es ahora cuando lo pasa bien; pero, ¿y la pose de viuda inconsolable? ¿Quién se la quita? Una vez, anualmente, inconsolable la proclama la cuarta plana de La Correspondencia, en la esquela más cara y espaciosa de las que allí se publican. Aquel día, la viuda encarga misas en diversas parroquias. Por la tarde, una docena de amigos y parientes vienen a hacer el duelo a Camila; un duelo en que no se alude al finado, en que se murmura sin mostaza y se planean combinaciones de abonos para la tempo- rada de primavera. Ya el año pasado, que acudió más gente, se sirvió té, con galletas (auténticas de Londres), y un revistero de sociedad anunció elfive. Ese día no falta ella nunca; y, generalmente, la veo cada semana dos o tres veces, en el Real o en mi casa, donde almuerza bastantes domingos.

He subrayado ella, únicamente por no singularizarme; por conformarme a los usos establecidos en tales materias. Si miro hacia mi corazón, o adonde se cobijen los efectos, allí no la llamo ella, sino buenamente Trini.

¿Su retrato? Ni bonita, ni fea. Hay menos beldades por ahí adelante de lo que las novelas y las planas a todo color de los semanarios harían suponer. Tiene un defecto, la cara redonda; un atractivo peculiar, la boca húmeda de juventud y dentada a maravilla. Es hija de un magistrado que fue íntimo de mi padre, que caso con una heredera opulenta de Aragón, y hubo de sus legítimas nupcias una hembra y dos varones. Si al fin me uno a Trini, deberé a la gran Segadora verme libre de suegra y suegro. Los padres de Trini son honrados; les han hecho las honras, por cierto a todo lujo. Trini manda en sí y en su caudal y es modelo de «señoritas formales». Unas cuantas dueñas cotorronas, tertulianas de Camila, no se sacian de repetirlo, y protegen instin- tivamente la candidatura. A pesar de mi espíritu crítico y minucioso, conozco que Trini será una gran ama, no solo de llaves, sino de sala y gabinete. Es fina, lista, limpia, primorosa.

Yo me acerco, me dejo caer, la hago unos asomos de corte; pero ni me derrito, ni acabo de decidirme a meter el pie en el agua. ¿Es que quiero a otra? —El lenguaje es una tela teñida de los colores primarios, chillones y sin degradación. ¿Existe, acaso, la escala de los matices verbales, justos, imperceptibles, que correspondan al matizado riquísimo del sentir? ¿Cómo denominar lo que no he definido?

La casualidad me ha puesto en relación con una criatura miserable y desquiciada, a quien encontré en la antesala de un médico varias veces. Para dar idea del tipo de esta mujer, sería preciso evocar las histéricas de Goya, de palidez fosforescente, de pelo enfoscado en erizón, de pupilas como lagos de asfalto, donde duerme la tempestad romántica. El modesto manto de granadina, negro marco de la enflaquecida faz, adquiere garbo de mantilla maja al rodear el crespo tejaroz que deja en sombra la frente. De la mano de la mujer se cuelga un niño como de cuatro a cinco años; un niño hechicero, travieso y cariñoso, por medio del cual entré en trato con la madre. El primer día en que les vi, su turno de consulta precedió al mío, y antes de dar pormenores de mi gastralgia, me enteré de si era grave el padecimiento de la cliente.

—No me ha consultado para sí —contestó el doctor—. Se trataba del chiquillo.

—Pero ¡si ella parece enfermísima!

—Y lo está. Solo que pertenece al número de las enfermas que no quieren hablar de su mal, suponiendo que si no le llaman por su nombre, el mal no acude. No he visto mujer más impresionable. Me gustaría que se consultase, porque debe de ser un caso.

La segunda vez, el doctor —mirándome con escama algo guasona, sorprendido de mi interés por aquella esmirriada— amplió las noticias. Se llama Rita Quiñones, y vive estrechamente, con una criadita, en un piso bajo de la calle de San Lorenzo. No es casada. No es tampoco una mujer galante... Parece andaluza. ¿Sus antecedentes? Ignorados.

Al encontrarla de nuevo, conseguí hacer migas, adulando al niño, acariciándole y regalándole bombones. Obtuve permiso para visitarla, a pretexto de llevar un juguete, y lo aproveché enseguida. Sin manto, con pañoleta de linón y encaje, raída a fuerza de lavados, y dejando asomar por debajo de la falda de lana negra un pie combado, pequeño, era más marcada aún la semejanza con algunos de los inquietadores modelos del Sordo. Me empeñé en que hablase de sí misma, y, en cierto límite, lo conseguí fácilmente: estaba en uno de esos días en que a los neuróticos se les sale parte del alma por la boca. Según creí alcanzar, mi visita, mi solicitud, la alborozaban; parecíanle caso de enamoramiento, y ella era mujer: sobre todo, mujer. No cometió, sin embargo, provocación ni grosería alguna, de esas que suelen gastar las decaídas: al contrario, me pareció notar que miraba con instintiva repulsión las demasías, las materialidades. Su amor al niño era una mezcla de fiebre y ternura: le nombraba con compasión dolorosa, con palabras como las que se pronuncian a la cabecera del enfermo desahuciado, o al apiadarse del reo que va a salir para el suplicio. Cuando le di el caballito de cartón, causa de transportes de júbilo, la madre murmuró:

—Que se distraiga, que goce... Siquiera mientras pueda gozar, alma mía...

Su voz es deliciosa, cristalina, menuda; su fraseo púdico y decente, en medio de la vehemencia de su expresión y del violento afán con que repite que es «mala», «muy mala». He aquí lo curioso y lo atrayente de esta mujer: no miente, es de las histéricas verídicas, que son las menos; calla, sí, algo, sin duda lo más grave de su historia. Es versátil. Lo que ayer sintió de un modo, lo siente mañana del opuesto; y del propio modo se trata a sí misma de maldita y de condenada, con la expresión más tétrica en los abismos de asfalto de sus grandes ojos, que se disculpa, se conmueve de lástima de sí propia. Me ha contado que nació en Cádiz; que su familia era antigua, y de las buenas, venida a menos; que después de apuros y miserias estuvieron en ¡Manila varios años...

—¿Empleado alguien? ¿Su padre de usted...?

Al nombre de su padre, los ojos hondos y calenturientos se velan como de una nube de humo... Sin duda el papá se mostró inhumano para ella; y continúa:

—Sí, empleado fue... ¡Qué tierra aquella! Calor pegajoso..., y está uno tan flojo, tan débil... Falta el ánimo, todo le da a uno igual... A eso llaman aplatanarse... Luego nos volvimos a España... En Madrid nació Rafaelín, pobrecito mío...

No me resuelvo a insistir. La veo tan descolorida, tan desencajada, que aplazo. He percibido que aquí está la clave...

Mes y medio hace que dura nuestra relación (¿se puede llamar relación a esto?) y ninguna tarde encuentro igual a Rita. Tan pronto canta y ríe infantilmente, como yace tendida en un sofá forrado de damasco muy raído, languideciendo, casi sin aliento, en la angustia de la disnea. Un día me enseña el pañuelo estrellado de sangre; otro me pide violetas y dátiles y bruños secos, y se atraca como los chiquillos. Ya habla del amor con murmurio estático, ya lo diseca con buen sentido de abuelita septuagenaria, o lo condena con crispaciones de repugnancia espiritualista. Y no hay ficción, no hay cálculo: lo que fluctúa en sus ojazos es el oleaje de su alma inquieta, torturada no sé por qué. Solo dos sentimientos invariables encuentro en ella. El primero, la idolatría de su hijo. El segundo, un pavor, un sobresalto casi continuo, el miedo a la nada, a la disolución de su organismo.

—¡Morir! —repite cogiéndome la mano con la suya, húmeda y ardorosa— ¿Verdad que no me moriré? ¿Verdad que no es nada esto que tengo? No, no me repita usted lo que sepa por el médico; si yo no he querido consultarle. Al fin, no le curan a uno. Prefiero no saber... —Y cierra los pozos de sus ojos, y un estremecimiento sobrenatural corre por todo su cuerpo y se comunica al mío.

—¡La he visto, la he visto pasar! —grita una tarde saltando del sofá, con las pupilas dilatadas—. Es una sombra grande, muy alta, que llega al techo. ¡Ha salido por la puerta de mi alcoba y ahora acaba de desvanecerse en la del pasillo! Pero ¿usted no la ve...? ¿No la ve?

—¿A quién, Rita, a quién? —respondió chancero.

—A la Seca, a la... ¡Jesús!

Y se cubre el rostro, y su temblor, como un aura del otro mundo, le eriza el fosco pelo goyesco.

No sabiendo cómo distraerla de la aprensión y los terrores, la he propuesto ir al teatro algunas tardes. Ha aceptado palmoteando de alegría. Compro un proscenio segundo, localidad vergonzante, y la llevo en coche; nos bajamos un poco antes de llegar a la puerta del teatro, y ella entra sola; yo me reúno momentos después, disimulo que me impongo para que no me importunen con chismes y habladurías. Rita lleva sus acostumbrados trajes de lanilla negra, muy pobres, y como nota de lujo, un boa blanco de pluma que yo la he regalado. La agitación y emoción de su contento trazan en sus pómulos una pincelada de carmín, demasiado violenta, sin el suave desvanecido de las rosas clásicas. Sus manos consumidas bailan dentro de los guantes, también ofrecidos por mí, manejando el abanico con garbo típico de maja gaditana. Yo aparezco poco después, y me quedo agazapado en el fondo del palco. Empieza la representación. Rita se pone de codos en el antepecho, saca fuera el busto, y bebe, absorbe el drama; o mejor dicho, el drama la absorbe a ella, la arrebata momentáneamente a la realidad, la desprende de sí propia; como la de los extáticos, su alma sale de su cuerpo minado por la enfermedad, codiciado y reclamado por la tierra, y se mete en el cuerpo vibrante de la actriz; sus labios, en un balbuceo, repiten los párrafos más conmovedores, las frases más efectivas; y mientras el agua que duerme en el fondo de sus pupilas tenebrosas salta un momento a la superficie, en chispas de diamantes, se vuelve hacia mí y repite:

—¡Qué hermoso! ¿Verdad? ¡Qué hermoso!... ¡Me enternezco! ¿Qué, a usted no le gusta?

Sonrío y contesto que sí me gusta mucho. No tengo pujos críticos cuando estoy con Rita. Todo es admirable; el almizcle de París que desempaquetaron la víspera, el bacalao de Noruega de Ibsen, la ferranchinería romántica, las moralejas garbanceras, sensibleras, genuinamente nacionales, el efectismo de chafarrinón... No me importan estilos, géneros, corrientes, ni moldes; en pos de la neurótica, aprendo a viajar por fuera de mi juicio. Alguna vez que se me ha ocurrido censurar al autor, sonreír de una inverosimilitud, Rita me ha atajado, murmurando:

—¡En la vida pasan cosas... vaya, más gordas que todo eso!

He sacado en limpio que Rita vive de una pensioncilla que le pasa su abuela materna; que su madre murió hace bastantes años; que de su padre no se sabe a punto fijo el paradero —se le sospecha en Manila otra vez—, y que la abuela, señora pudiente de Sanlúcar, aunque manda a su nieta limosna, no ha querido volver a verla; sin duda la maldice. Mi información ha sido fragmentaria: hoy arranco un pedacillo de verdad, mañana otro; y queda, detrás de los hechos escuetos que voy ensartando como pájaros muertos por varilla de cazador, un infinito de historia, un secreto que presiento y que me irrita, como la fragancia de vino encerrado, inaccesible, al bebedor de oficio.

Mi tesis con Rita es persuadirla indirectamente de que morir no hace mal; de que el instante decisivo no lleva aparejado ningún tormento. Observando que cuando ha dormido bastantes horas está contenta, la predico la identidad del sueño con la muerte, sin más diferencia que el instante del despertar, y algunas sensaciones que preceden al punto de dormirse.

—Sí, sí; pero... ¡ese despertar! —gime aterrada la española—. ¡Cuándo las personas son como yo, tan malas, tan malas!

La ofrezco el trivial consuelo de la frecuencia, de la insignificancia de la culpa. ¿Quién no es culpable? ¿Está el mundo lleno de santos o de pecadores?

—No todos los pecadores son iguales... Hay pecados de pecados... —Y la afirmación de la infeliz se completa con un relámpago de su mirada, velado inmediatamente por una niebla de incurable amargura. En estos momentos yo la acaricio para calmarla, sin rastro de maliciosa intención; ella se desvía —porque es la española, que no concibe que un contacto de hombre y mujer puede nunca ser inocente—. Un día, sin embargo, me somete el caso de conciencia. Yo la estoy hartando de finezas, de regalos para ella y Rafaelín... ¿La creo obligada a complacerme?... ¿Mi objeto es acaso...?

—No es ése mi objeto, Rita. No piense usted disparates. Soy un amigo.

Me toma una mano y me la estrecha con devoción. Sonrío y saco del bolsillo una cajita de cartón rosa llena de tabletas de chocolate, de las caras. Rita adora el chocolate; me arrebata la caja, y con transporte de criatura indisciplinada, antojadiza, hinca el diente a la golosina helvética, dándome las gracias con un mirar risueño, aclarado de alegría.

Mientras ella mordisquea, yo la considero, y quisiera abrir su cabeza, destaparla, registrarla, para conocer el arcano que oculta, y por el cual me tiene sujeto, con fidelidad de amante que espera y teme y respeta y calla; el arcano, único atractivo de este espíritu que, de noche, vaga perdido entre las tinieblas del Miedo y del Mal.

III

Amoscada anda mi hermana con lo de Rita: no sé quién se lo habrá soploneado. Es verosímil que me haya espiado en el teatro, a pesar de las precauciones que tomo. Y se me figura que Trini y ella, en sus intimidades, han conferenciado acerca del asunto, con esos campaneos de cabeza y esos enarcamientos de cejas que son la mímica de esta clase de conciliábulos entre mujeres sensatas.

Al fin no pudo vencerse Camila, y cierta mañana irrumpió en mi gabinete-despacho, una hora antes de la de almorzar, el momento que dedico a leer cosas serias, porque tengo la cabeza despejada y el estómago libre. Hubo preámbulos, diplomacia y, por último, estallido. Yo tenía una querida, y además, un hijo de semejante mujerzuela. Y mi tácito compromiso con Trini, y el mal lugar en que las dejaba, y la honra, y, y, y...

Mientras Camila se explaya, la considero atentamente, sin enojo y sin reto, como se mira correr en estío una fuente parlera. Camila se parece de un modo sorprendente a mi madre: las mismas facciones clásicas de matrona romana, la misma mirada imperiosa, el mismo cuerpo arrogante, donde la seda hace pliegues solemnes, como estudiados, y juegos de luz, al estilo de los ropajes suntuosos que pintaba Madrazo con tanto acierto. Un cariño meramente instintivo o impulsivo era lo que por mi madre sentía yo, y, realmente, según el espíritu, solo soy hijo de mi padre, rezagado romántico, soñador, y que, conforme a la moda de su tiempo, fue algo poeta (ahora, por moda también, somos algo intelectuales). Hacia Camila experimento el mismo apego natural que hacia mi madre; pero con un toque de desdén, de convicción de mi superioridad. Ella entiende lo contrario; me tiene en menos; se cree más cuerda, más práctica, más razonable cien veces que yo, y me protege y vela por mí (que es modo de desdeñar). Ejerce sobre mí un ascendiente material, del cual reniego, y que se funda en mezquinos servicios y auxilios prestados a veces, como cuidados durante enfermedades, advertencias relativas a cuestiones de interés; nada en suma.

De todo cuanto me decía Camila, me hizo eco en el alma únicamente aquel concepto de considerarme padre de Rafaelín. Al estarlo oyendo, sentía ansias de que fuese verdad. Yo no deseaba un hijo, en el sentido estricto de la frase; pero se me ocurrió que sería delicioso tener ese hijo; ese, no otro.

Las gracias y perfecciones del niño se me representaron todas en aquel punto, con tal viveza, que mi corazón se iba hacia él y le besaba paternalmente.

Veía yo, mientras Camila me acusaba del dulce hurto no cometido, la cara oval, morena, igual a la de Rita, pero con el barniz regio de la salud; los ojos santos, puros, sin mancha; el reír gorjeante, la travesura celeste del chiquillo, la sal de su media lengua y de sus antojos, la monería de los bofetones tiranos que me pegaba y de los brazos que me abría al decirle su madre: «¿Ves? Ya te ha traído don Gaspar otro juguete...» Un calor íntimo se me esparcía por el alma al recordar todo esto; y un propósito, una resolución de ser el padre de Rafaelín por mi voluntad, no por azar de la carne, surgía en mí, al mismo tiempo que mi hermana me reprendía severamente suponiendo la paternidad. Era la defensa del instinto de perpetuarse, instinto que ya creía punto menos que abolido en mí; era... iah, no me cabía duda!, iera la vida, la vida, la vida, la maga, que me llamaba otra vez, y al llamarme me ofrecía una copa de amor! La pobre Rita estaba sentenciada; pero, ¿el niño? Por él podría yo, ¿quién sabe?, interesarme en algo sencillo, bueno, natural...

Con ímpetu, derramando efusión, cogí las manos de Camila y exclamé:

—iPues bien; no lo discuto! Si que es mío ese chico. Ya verás; un Sol, una monada. Vas a chochear con él.

Mi hermana retrocedió. No sabré describir cómo se le inmutó la cara; sus clásicas facciones adquirieron el ceño y la contracción adusta de las antiguas Melpómenes. iIndignada, es hasta fea Camila! —decidí para mis adentros.

—Supongo que bromeas; pero la broma, hijo, es de pésimo gusto.

—No bromeo.

—Vamos, piensas casarte con la mamá de la criatura.

—No se me ocurre —respondí con sinceridad— entre otras cosas, porque no creo que le queden dos meses de estar en este mundo. Me coges en un momento de espontaneidad, Camila; desarruga ese entrecejo, que te sienta muy mal; isi te vieses! El chico es más mío, ¿lo oyes?, que si lo hubiese engendrado materialmente. Lo material es muy despreciable en todo; pero en eso del amor y de la paternidad es en lo que más ruin e insignificante se me figura. ¿No crees tú lo mismo? Si tienes alguna elevación en el sentir...

—Pero... el chico —interrumpió ella vacilando—, ¿es tuyo o no es tuyo? ¿En qué quedamos, Gaspar? Descíframe el enigma.

—¡Pch! El enigma no te importa —respondí, pensando para mi sayo: «¡Alma, ciérrate!»—. Los resultados, querida hermana, van a ser exactamente los mismos que si el chico fuera mío, como entiendes tú que son nuestras las cosas. Y los resultados son lo único que aquí se pleitea.

—¿Pleitear? Te engañas —articuló Camila con aviesa esquivez—. No pleiteo. Allá tú; allá te las compongas. Desde que vivimos reunidos, ¿en qué asunto tuyo me he mezclado?

Yo podría contestarle que en todos absolutamente, porque desde el color de mi colcha hasta la colocación de mis fondos, mi hermana interviene siempre en cuanto me incumbe, indirectamente, pero con la tenacidad de un insecto preso en un vaso y que busca salida. Sospecho que hasta abre mis cartas y las curiosea. Sin embargo, opté por encogerme de hombros y convenir. Porque en mis verdaderos asuntos —los de mi espíritu— Camila no puede mezclarse, no conociéndolos.

—Corriente: dado que no intervendrás en mis negocios, hija mía, prepárate a la transformación que mi vida va a sufrir. Si Trini quiere que nos casemos, el niño tendrá quien le cuide, quien haga veces de madre... ¿Qué opinas tú? ¿Trini sabrá amar como madre a mi Rafaelín?

Camila parpadeó y constriñó los labios, gesto de las personas demasiado cargadas de razón, que no quieren dar suelta a la palabra para que no muerda. De contener la respiración se puso arremolachada. Al cabo, ajustado ya el antifaz de calma indiferente, exhaló un susurro:

—Qué sé yo... Allá ella y tú... Entérate.

—¿No tienes opinión? —y mi tono era irónico.

—¿Opinión? ¿No he de tenerla? —saltó, disparando con cerbatana las sílabas, que me azotaron airadas—. A la primer palabra de semejante delirio, Trini te dirá, y con razón, que ella no está para cuidar chiquillos espurios, y no tiene por qué cargar con el que le encajas. Que santo y bueno tomarse molestias por los hijos propios, pero por los ajenos, memorias. No conoces a Trini, hijo. Pretendientes la sobran que no la impongan condiciones raras y obligaciones fantásticas. ¡Pues digo!...

—Si Trini me amase —articulé sosegadamente— amaría a la criatura, por cariño a mí. ¿No viene hoy a almorzar? La interrogaré. Tú no la prevengas: déjala seguir su impulso.

Una hora después llegó Trini. Me había vestido prestando suma atención a los pormenores de mi traje. Sentía emoción de cadete, ante la esperanza no tanto de que Trini me quisiese lo suficiente para acoger en un arranque tierno, de mujer y madre, a Rafaelín, sino de que, ante su arranque, naciese en mí el verdadero amor. Lo que me hace palpitar viene del interior de mi ser: no puede venir de fuera. Si Trini se revela, si vibra... —calculaba yo— siento que vibraré también; y no será como con Rita, una atracción perversa, seudoromántica: será el amor completo, con su raigambre poderosa, que nos adhiere a la tierra; será el hogar, con humareda azul de ilusión —porque el hogar, con solo el humo del puchero, lo que es yo no me siento capaz de resistirlo—. Y, enajenado, consagré tiempo al lazo de mi corbata, a la clavazón en él de la gruesa perla redonda, a atusar el pelo, a frotar con el pulidor las uñas. Iba tan brillador de ojos y tan amador en mi porte, que Trini, al estrechar mi mano, se arreboló, olfateando sutilmente, como hembra, que algo impensado ocurría. Yo (soy muy desconfiado) había estado en acecho, y salido a encontrarla en la antecámara, temeroso de los manejos de Camila. Almorzamos, alegres y decidores los novios, mi hermana fruncida, encapotada y pesimista. Según su perro humor, el asado era un carboncillo, las tostadas del té unas virutas, y las quenefas del bolován eran de escayola. Trini se reía enseñando sus encías jugosas y vivaces, su fresca lengüecilla inquieta entre la doble fila de gotas de leche cuajadas de la arqueada dentadura. Me daban tentaciones de caricias atrevidas, y sentía por Trini escalofrío humano, ansia celestial. Cien años que viva (¡no me faltaba sino vivirlos!) no olvidaré el encantador almuerzo, al canto de la chimenea activa y roja, respirando el aroma de las violetas tardías y los claveles blancos tempraneros, que adornaban el centro de plata, en honor a Trini, a ella; entonces sí que se lo llamaba interiormente... Por debajo de los encajes gruesos del mantel cogí su mano, que no se retiró. Aún estábamos eléctricamente asidos, cuando se levantó con un pretexto cualquiera Camila, y nos dejó solos. Trini, sofocada, hizo un movimiento para seguirla; yo protesté, apretando más la mano de seda y clavándome con deleite en los pulpejos las sortijas del meñique. Ella comprendió que llegaba la hora decisiva de aquel noviazgo hasta entonces tan soso y borroso, y sus ojos, avergonzados, buscaron el dibujo de la alfombra.

—¿Trini? —suspiré—. ¿Sabe usted que esta mañana le dije a Camila que nuestra boda es inminente?

—¿Camila? —tartamudeó ella agarrándose a lo que podía ayudarla a disimular su confusión—. Dice usted que Camila... ¿Estaría por eso de tan mal talante? —y sonrió a la hipótesis.

—Por eso precisamente, no. Va usted a saber por qué, Trini... —Acerqué mi silla, solté la mano y nos reclinamos, muy próximos, en la mesa—. Escuche y pese la respuesta... ¡No venga usted hasta que le llame! —ordené al criado que entraba trayendo leña—. Trini, yo trato a una mujer, y esta mujer tiene un niño.

Ella se demudó.

—Ya lo sabía. ¿Para qué me lo dice usted?

—Porque el eje de esta conversación es eso: la mujer, el niño; sobre todo, el niño..., ¿se entera usted, amiga mía?

Trini indicó el gesto de desviarse, pálida y turbada.

—¡Por Dios! No así, Trini, no así. Hay que escuchar, y sobre todo hay que entender. Cuando usted haya entendido, decide. A la mujer la visito diariamente, pero no tengo con ella más relación que visitarla... Como si fuésemos hermanos. ¿No lo cree usted? No tengo para qué mentir. Es una enferma, una tísica. Si eso puede contribuir a la tranquilidad de usted, no la veré más.

—Pero el pequeño... No es... No es... —murmuró la muchacha, sin resolverse a concluir, y mostrando confusión y acortamiento.

—¿Mío?... Según como usted comprenda la idea de pertenencia y propiedad. No he besado a su madre nunca. Sin embargo, mío es el niño, porque mío quiero que sea... Fíjese usted. Tampoco usted es mía, y por el amor puedo apropiármela. El niño tiene mi sangre espiritual. De manera que es mi hijo.

—Todo eso... lo encuentro rarísimo... Perdone usted, Gaspar; me cuesta trabajo entenderlo.

—Malo, malo —discurrí en mi interior—. Corta de entendederas, corta de cara, carirredonda... ¡Malo! ¡Ésta no es mi hembra! —Y una melancolía súbita me envolvió en su crespón inglés. No argüí nada; ella porfió:

—No se explica... Trate usted, por lo menos, de que yo acierte a descifrarlo.

—Creo que no podrá usted. Esto se descifra mediante un impulso, una corazonada. No haciéndose cargo de pronto, es ya difícil... ¡En fin! —Y resoplé desalentado—: ¿No hay mil cosas inexplicables? Figúrese usted que la pidiesen explicaciones del por qué quiere un hombre a una mujer; del por qué nos es simpática una persona, y otra insufrible... A mí ese niño me ha dado la grata sorpresa de inspirarme un interés que me... me distrae de otros pensamientos... algo... algo peligrosos; ¿te enteras, Trini? —Y al brusco tuteo, uní la caricia inesperada, un estrujón, un raspón a la mano contra mi bigote.

Ella se encendió, su respiración se apresuró, y dijo balbuciente:

—No, Gaspar... No me entero... Pero es lo mismo. ¿Qué pretende usted? ¿Qué desea usted de mí? A ver si hay medio...

—Trini, si nos casamos, el niño se vendrá a casa... Serás su madre. ¿Lo serás?

Un esguince. Los ojos pestañudos, antes terciopelosos como uvas negras, se hincaron en mí, fieros, enojados.

—¡Ah! Era eso...

—¿No aceptas?

—No... No sabía... Creí que se trataba de otra cosa; de darle educación, de no abandonarle. Eso, bueno... Pero, ¿en casa? ¿Conmigo? ¿Qué se diría? ¿Qué papel haría yo?

Me incorporé. El almuerzo me pesaba como plomo en el estómago, y el calor de la chimenea me asfixiaba. Volví las espaldas, sin saludar, sin despedirme, y a paso lento me retiré a mi cuarto. Trini dijo no sé qué; acaso pronunció con ahínco mi nombre. No hice caso alguno. Ya en mi habitación, tomé sombrero, abrigo, guantes, y me fui a ver a Rita.

IV

La encontré con una hemorragia. La palangana, llena de coágulos, descansaba sobre una silla. Ella, echada en su humilde cama de hierro, apenas respiraba. Me sonrió doloridamente, como al través de un velo. La niñera y única sirviente, la guipuzcoana Marichu, entretenía a Rafaelín por medio de un carro hecho de dos carretes y unas cañas. Pero el niño, al verme, dejó sus juegos y vino a agarrarse a mis piernas.

—¡Bapar! ¡Aúpa!

Le aupé, le besé los ojos, le apreté firme. Reía a chorros, pegándome manotazos y tirándome de las barbas. Le dejé en el suelo, y anuncié:

—Vuelvo con el médico.

Vivía muy cerca uno, joven, sin clientela aún; estudioso, apurado de recursos, ansiando trabajo y lucimiento. Se echó la capa y me acompañó. Su examen de la paciente fue minucioso, su interrogatorio largo, pero sin fineza psicológica. No veía sino el cuerpo de la enferma. Recetó; la criada corrió a la botica. Yo, con Rafaelín en brazos, me fui al cuartuco que hacía de comedor, encendí el quinqué de petróleo —no se veía, eran las cinco de la tarde— y reclamé la verdad.

—No sé si pasará de esta noche. Si la hemorragia repite...

Un golpe sordo me retumbó dentro. Iba a encontrarme cara a cara con la Guadañadora.

—¿Querrá usted que me quede aquí? —interrogó el médico, expansivamente.

—Lo agradecería.

—Voy a avisar a mi mujer, para que no se asuste; tomaré un bocado, y aquí me tiene usted antes de una hora. ¿Gracias? No; si es un deber...

Quedé solo. El niño se adormecía sobre mi hombro, bañado en sudor, de tanto diablear. En la alcoba se oía una inspiración lenta, irregular, cavernosa. Sobre la almohada, la cabellera fosca de Rita se expandía formando aureola de tinieblas. La cara, en medio, blanqueaba. Congojosamente me llamó:

—¡Gaspar! ¡Gaspar!

—¿Está usted mejor?

—Estoy... muy bien. Como si de encima del pecho... me hubiesen quitado un peso... de una arroba.

—No hable. No se fatigue.

—¿Qué dice el médico?

—Que es lo de otras veces. Un ataquillo sin importancia.

Los ojos de mar muerto, de betún calcinado, despidieron vislumbre repentina.

—Es el fin... ¡La de vámonos!... Tengo miedo, Gaspar... Mucho miedo...

—No hay miedo... Estoy aquí... ¿Qué quiere usted que haga, niña, para quitarla ese miedo bobo?

—Si pudiese... ¡Si pudiese usted... traerme un confesor!... Pero un confesor que sea muy bueno..., que me perdone... ¡Qué sea como..., como Nuestro Señor crucificado!... ¡Así, bueno, para todos... para mí..., que no mire a mi iniquidad!...

—¿Va usted a agitarse? ¿A empeorar?... ¡Sosiéguese, haga por dormir! ¡Arroró!...

—No puedo sosegarme... No soy mora, no soy judía. ¡He pecado, estoy en pecado mortal!... ¡el mayor pecado!... y estoy... en lo último...

—Todos pecan... Tranquilícese...

—No, no, yo soy otra cosa; para mí no hay perdón; yo...

Hízome con la mano señal de acercar mi oído a su boca, y entre un vaho de calentura pronunció:

—¡Yo... estoy... condenada!... ¡Condenada!

—¡Qué disparate! Usted se va al cielo... dentro de muchos años... Bueno, no se aflija, la complaceré. Ahora mismo traigo al sacerdote. Tome primero la poción, recobre fuerzas...

Regresó de la botica Marichu, y al entregarme un frasco envuelto en papel, me secreteó afanosa.

—Un cura se necesita, pues... No ha de ir como los perros, señor... Cristiana es, cura han de llamar...

—Iba a salir a buscarle... Tráete una cuchara de plata.

No la había. Marichu fregó una de vil plomo. Cucharada tras cucharada, administré a Rita la dosis. Pareció reanimarse un poco, y recargó:

—El confesor... ¡Volando!

El médico volvía ya, dispuesto a pasar la noche a mi lado. Olía su boca barbuda a vino barato, a queso de Flandes.

—Mandaré a la chica que le haga a usted una taza de café, doctor... Y que le saquen una botellita de coñac. Hay de todo aquí; yo confiaba en el alcohol y en la cafeína para sostener este organismo. Usted queda en su casa; voy por ahí en demanda de un sacerdote. Desea confesarse... ¿Ve usted peligro? ¿Inconveniente?

—No. Si lo ha pedido ella misma, le servirá de consuelo. No es uno creyente fervoroso, pero hay que respetar mucho estas exigencias...

Salí, tomé un coche y di las señas: las de un anciano ex párroco, bondadoso y sin tacha, hombre aficionadísimo a libros, y que por satisfacer sus manías de erudición y bibliografía ha renunciado un curato pingüe. Encontré al inofensivo viejo en un cuartucho donde hay pilas de infolios por el suelo y polvo de tres años, y le expuse el caso apremiante. Él me conoce de tertulias de librería y de coincidencia en casas de gente estudiosa, pues yo gusto, temo que con exceso, de estas vanidades. Plegó las arrugas de su cara avellanada y titubeó antes de soltar la pregunta:

—¿Es... parienta de usted esa... señora?

—No. Es amiga. Nada, nada más que amiga; palabra de honor.

Descolgó su manteo en mal uso, se arropó rezongando «corre fresquete» y rodamos hacia la vivienda de Rita. Por el camino enteré de algo al sacerdote...

—Es un alma sin rumbo, sin norte y sin hiel; seguramente ha vivido a la inversa de lo que viviría, si poseyese fuerza de voluntad. Se acusa de maldad tremenda; asegura que para ella no hay perdón.

—Oveja descarriada... —asintió él—. ¡Pobrecilla! Más suele ser el yerro que la malicia en esta clase de pecados. Y que no es maligna, se ve en el solo hecho de llamarme. Este rato que ahora tiene que pasar es el que decide la suerte de las personas... Una buena muerte; y —lo demás no supone nada. El pensamiento del soneto está íntegro en el último verso.

Se me escapó una frase confidencial:

—Todas las muertes son buenas, porque todas son la conclusión de la vida.

Soltó el viejo una risita inocente.

—¡Jesús! ¡Dios nos dé vida, hasta que se le antoje, el más tiempo posible!... Yo no estoy a mal con la vida. Si tuviese sitio donde colocar tanto librote como se me junta, me consideraría feliz. En otro tiempo, con mis aficiones, estaría yo en grande en un convento de esos de biblioteca regia y muchas horas para disfrutar, revolviendo los estantes. Hogaño no; en los conventos no hay libertad, no hay frailes privilegiados, a quienes se les deje con su manía del estudio, y las bibliotecas que algo valían, ¡dónde irán ellas! Ayer mismo, en casa de Celso el anticuario, ¿qué dirá usted que encontré? Un libro de profesiones de Santo Domingo el Real: todo lleno de acuarelas y empresas y alegorías de los profesos...

Antes que pudiese pegar la hebra de su tema favorito, estábamos en casa de la enferma. Me adelanté para anunciar:

—¡Rita, criatura, aquí le traigo a un sacerdote amigo mío; ya ve que los caprichos se le cumplen! ¿Quiere usted que entre? Si no quiere... esperará.

La cara, cuya palidez parecía enverdecer un reflejo fosfórico, se removió un poco entre las tinieblas encrespadas de la cabellera suelta, y los labios marchitos, sin color, susurraron:

—Que pase, que pase... ¡Jesús... mío, misericordia! —impetró la moribunda, con ardiente ruego.

Entró el anciano, vacilante y torpe, a fuer de erudito miope que se ha dejado en casa los espejuelos. Tuve que guiarle, que indicarle una silla, al lado de la revuelta cama. En el aire flotaban olores farmacéuticos. Así que le vi instalado, me retiré. La sala estaba contigua al dormitorio. El médico, ante el velador, terminaba su café y su copa.

—No se moleste, siga... Marichu, café para mí también... Muy cargado.

Mientras esperaba la infusión que había de despabilarme para la vela, me senté en el sillón de raído forro. Colocado de espaldas a la puerta de la alcoba, y bastante próximo a ella, el cuchicheo que partía de allí me llegaba en truncados sonidos, como si el dialogo estuviese en verso y los que dialogaban se interrumpiesen y luego acentuasen con trágico énfasis un trozo, un arranque más sentido de la poesía. Acechador involuntario y cobarde, no entendía yo bien las frases, pero alguna palabra era para mí cual son en los antiguos gráficos de ignorado idioma esas letras repetidas y ya descifradas, que permiten interpretar, por relación de lo conocido, lo que se desconoce. A veces, no oía distintamente un vocablo; lo que me guiaba en mi malvado espionaje de un alma, era el acento con que pronunciaban lo que no oía.

La voz del sacerdote, sobre todo, me daba luz, siniestra luz. Tenía el timbre sordo y ahogado de un grito que se sofoca por terror. Y la penitente, enfervorizada, hablaba con singular energía, con no interrumpido bisbiseo vehemente, como si vaciase el absceso purulento de tanta iniquidad, apretando duro para expulsar todo lo nefando. Me sería imposible decir si entendí nada concreto de la terrible conversación; y, sin embargo... entre modulaciones de voz, interrupciones, preguntas, gemidos, fraseo desgranado —yo repetía para mí... «Era eso, era eso...» ¡Sublime horror pagano, tremenda carga en la conciencia católica...!

Sin embargo, la nube de espanto se despejó; se apaciguó el murmullo, convertido en una especie de himno o plegaria de reconocimiento.

La mano del sacerdote, bendiciendo, se interpuso ante la luz de la alcoba. ¡Rita estaba perdonada!... La pobre alma, transida de espanto, sudando hielo y castañeteando los dientes, se calmaba, se envigorizaba, y, agarrada a un cabito de seda blanca, iba a atravesar valerosamente el puente del abismo...

En efecto: cuando el viejo salió del dormitorio, tembloroso, desemblantado, horripilado de lo poco que se parece la realidad a los libros con polilla, y de cómo las viejas fábulas mitológicas no están solo en las ediciones de viñetas, sino que se codean con nosotros en las calles, y me precipité a ver en qué estado se encontraba la enferma, la faz verdiblanca sonreía expresando beatitud. Las pupilas de asfalto se fijaron en mí, invitándome a compartir aquella dicha.

—¿Que tal? ¿Mejoría, eh? Doctor: acérquese...

—Sí, mejoría —repitió sin convicción—. La respiración no es tan... —se interrumpió; yo adiviné el término exacto que suprimía, «tan estertorosa». ¡El estertor!...

—Don Gaspar —murmuró Rita; y comprendí su ruego, y me incliné. En mi oído, deslizó:

—¿No abandonará al niño?...

—Palabra. No temas —dije, con tuteo fraternal.

—Poco trabajo le dará... Ese niño no puede vivir...

—No digas locuras... ¿Por qué?

—Porque no lo consentirá Dios Nuestro Señor... No puede consentirlo... Oiga, don Gaspar... Prométame... Si vive, que entre en un Seminario... en esos colegios para estudiar la carrera de cura... ¡Y mejor, en un convento de frailes!...

—Así se hará, mujer... Descansa... Tu hijo es mi hijo...

Agarró mi mano y pugnó por apretarla fraternalmente, según costumbre; pero estaba tan débil, que no acertó. Yo halagué sus sienes y su melena alborotada, lacia a trechos de sudor, crespa y como erizada a trechos también —extraña melena que parecía apuntada a brochazos por artista genial— y ordené con despotismo, sugestionándola:

—Ahora, cucharadita de poción, y a dormir.

Absorbida la poción calmante, arreglado el emboce de las sábanas, subido el colchón a empujones, recogí la luz y la puse sobre la cómoda de la sala, detrás de un jarroncillo con flores artificiales. El doctor secreteaba opacamente con el confesor. Éste se volvió y me previno.

—Avisaré en la parroquia para que mañana venga el Viático.

Aprobé y le acompañé hasta la puerta.

—El coche que nos trajo aguarda... Está pagado... Mil gracias, amigo don Andrés... A propósito. Tengo para usted un ejemplar raro de la Aminta, con grabados en madera... Se lo enviaré en cuanto esta infeliz...

—¡Se acepta con reconocimiento!; pero supongo que no será por recompensarme de molestia alguna, porque, al contrario, mi obligación es la que acabo de cumplir... Por penosa que sea...

Y temblaba aún, ligeramente, arropándose en el manteo, susurrando ¡brrru!

Cuando volví a la sala, el médico salía de la alcoba.

—Reposa... Debía usted reposar también un rato. Yo velo.

—Nada de eso. Échese usted en el sofá; estoy de guardia.

Me habían servido el café, y aguardaba, frío ya. A mí me gusta más frío que caliente: me retrepé en la butaca y empecé a beberlo a sorbos, con placer nervioso, semi-espiritual. Tumbado en el sofá, el doctor, robusto y lastrado de coñac excelente, había cogido el sueño al vuelo, y dormía con la boca abierta, modulando a ratos un comienzo de ronquido. Me serví café otra vez, más engolosinado que la primera. Una excitación lúcida se apoderó de mí: en excitaciones semejantes las ideas son como ágiles saltatrices; hay una labor cerebral de devanadera; un tropel de representaciones; todo parece inminente, inaplazable, cual si urgiese resolver el negocio de nuestro destino sin un punto de dilación. La tristeza de lo frustrado se hizo trágica en mí. A las doce de la mañana de aquel mismo día, me alborozaba aún la perspectiva de la humareda azul del hogar. Y no era la humareda lo que yo echaba de menos —todas las humaredas me son indiferentes—. Era mi deseo, mi sueño de la humareda, mi sueño de vida, lo que añoraba. Nada vale nada; solo vale algo el deseo que sentimos de poseer o realizar las cosas.

Abiertos los ojos a la penumbra, pensaba en la que va a desaparecer después de sufrir tal suplicio en su corazón, selva de plantas ponzoñosas. Esa vaga incredulidad que nos asalta ante el no ser, me dominó por un momento. ¿Era posible que Rita, la caprichosa, la vivaz, la que tanto se entusiasmaba y hacía tales extremos en el teatro, la que había padecido los furores de la antigüedad criminal, fuese mañana un poco de materia orgánica en descomposición? ¿Cómo puede suceder algo tan extraordinario en un segundo? ¿Porque se arroja sangre si cesa de existir? Murió Rita, dirán. Entonces, Rita no es su cuerpo enmagrecido, no es sus cabellos foscos, no es su tez verdosa, no es su cuello de flor medio tronchada. Todo eso ahí estará... y Rita no. Puse sobre el velador los codos y sobre las palmas derrumbé la cabeza. Mi meditación se convertía en cavilación visionaria. Acaso dormía, acaso deliraba. El alcaloide del café concentrado actuaba sobre mi sistema nervioso, y con malsano goce dejé volar mi fantasía, provista de unas alas membranosas, gris oscuro, de murciélago, que acababan de brotarle.

V

En árida llanura amarilla, cercada por un anfiteatro de montañuelas calvas y telarañosas, iba atardeciendo muy despacio. Crepúsculo interminable; del cielo cárdeno parecía descender lluvia de ceniza sutil; y el Sol, que detrás de los cerros se ponía, era un globo sin calor, medio apagado, enorme, una pupila de cíclope agonizante.

Tan doliente paisaje ofrecía los tonos secos, mitigados y polvorientos de los antiguos tapices, y las figuras que sobre el paisaje comenzaron a desfilar en caricaturesca procesión, de tapiz eran también: de tapiz o de orla de códice cuatrocentista. El cuadro se contaba en el número de los espantos que el arte ha querido agregar a los espantos de la naturaleza.

La primer figura que desfiló era la del anciano casi divino: un varón de consumida faz, sobre un becoquín de terciopelo guinda, la tiara de oro escalona tres pisos coronados. El esqueleto, roto y desharrapado por el vientre, que le guía, lleva a cuestas, sobre sus huesos mondos, un féretro. El viejo augusto alza la mano para bendecir y excomulgar... El esqueleto le agarra de un brazo, y, tropezando en sus luengas vestiduras pontificales, se deja llevar el papa al baile siniestro. ¡Danzad, Padre Santo!

Al emperador no ha sido necesario asirle. Es sin duda Carlomagno, el héroe, y desdeña el temor. Marcha recto y majestuoso, arrastrando sus púrpuras y sus armiños, y en la potente diestra, como relámpago de acero, reluce el espadón de justicia, mientras en la siniestra descansa una esfera de zafir, que es el mundo. El confianzudo esqueleto no respeta los atributos del supremo poder; con gesto persuasivo enseña al excelso la inevitable ruta. ¡Danzad, seor imperante!

Trémulo, moroso, el cardenal vuelve la cara; y el esqueleto se burla, con risa sardónica, del miedo del purpurado. Al acercarse al rey para recordarle que es llegada la hora de danzar, el esqueleto se hace moralista, señala al cielo, y arranca el áureo cetro de las manos que lo empuñan. ¡Oh, y qué lindo sermón el que le suelta al patriarca, que lo escucha mohíno y cabizbajo, sin dejarse convencer de que es preciso abandonar el báculo, de que no le valen ni sus vestiduras violeta ni su mitra, donde grupos de gemas complican el prolijo y pueril diseño bizantino! Cuando se acerca al veterano condestable, armado de punta en blanco y apoyado en su montante de guerra, el esqueleto heroico blande su guadaña oscura, como si dijese: «Arma contra arma... veremos de quién es la victoria.»

Para el jactancioso hidalgo, de emplumado birrete, no ha menester el esqueleto ejercitar violencia alguna. Le lleva engañado con razones, con palabras capciosas y elogiosas; le aturde con argucias, le envuelve en fúnebre charla, y, algo receloso, convencido, sin embargo, el hidalgo levanta el pie para comenzar el paso de baile. Al asir al abad de la manga del hábito, el esqueleto no puede reprimir la bufonesca alegría: ¡dance el gordo, dance el orondo, dance el lucio, el del rollizo pestorejo! Y el esqueleto agita sus canillas, muestra el costillar, donde cuelgan arambeles andrajosos de momificada piel. Más ligera, más mofadora es la actitud adoptada con el digno preboste, y es desenfrenada de júbilo la que toma al armarse de una pala de enterrador y prender, saltando al fraile teólogo, que en vano se defiende con silogismos, sorites y entimemas.

No le vale al médico enarbolar su redoma de jarope y hacerse el distraído, mirándola al trasluz; no le vale al astrólogo embebecerse observando el firmamento; no le vale al canónigo resguardarse con su libro de horas; no le sirve al escudero acariciar al gerifalte que lleva gallardamente enhiesto en el puño. A decir verdad, todos procuran no enterarse de que les llaman a la danza obligatoria: el mercader contempla su bolsón, el cartujo finge absorberse en la lectura ascética, el sargento titubea y describe eses de puro borracho, el músico acaricia su tiorba, el abogado se enfrasca en un legajo, el mancebo galán sonríe a una rosa, respirando su perfume lánguidamente; el labriego muestra su azadón, como diciendo: «No puedo menos de ir a cavar la tierra»; el carcelero repica sus llaves, el ermitaño pasa las cuentas de su rosario reverendo... ¡Bah! El esqueleto no se preocupa de tales nimiedades. Su astucia adivina el objeto de las aparentes distracciones. Quizás, viéndoles tan embelesados, pase de largo el terrible bastonero de la Danza general... Sí, ¡pasar él! Les llama, les da escueta orden, les agarra de un brazo con rápido arranque. Hasta le veo acercarse a una cuna y coger de la manita a un pequeñín que, soltando cristalino hilo de baba, y repicando por última vez el sonajero, se aduerme en los brazos secos, sin carne, contra la caja torácica que no encierra corazón...

No dejará el esqueleto sin pareja a sus danzarines. Antes de dar la señal del baile, llegan las damas invitadas (invitadas sin excusa). Para traerlas al sarao, el esqueleto redobla las cortesías irónicas, las sardescas galanterías, las actitudes bufonescas, las postraciones a lo Mefisto.

Ante la reina, que va a entrar en danza con su diadema de florones y su veste orlada del armiño inmaculado, se rinde cortesano, mientras toma su brazo como el que, respetando, apremia. A la duquesa pálida, que se recoge elegantemente el sobrefaldellín de velludo, la rodea el cuello con enamoramiento, casi la abraza, con fúnebre y hediondo abrazo de sepulturero melifluo. Ante la orgullosa fidalga se arrodilla, tratando de estrechar su mano pulida, aristocrática. A la abadesa la descarga del peso del báculo, estorbo para danzar... A la repolluda priora la empuja por los hombros, suavemente. Ante la gentil damisela hace un contrapás, llevando el compás de los brincos con la pala de enterrador. A la daifa galante la echa al cuello el sudario como si fuese un chal. A la nodriza la ordena con risueña mueca de mandíbulas cubrirse el seno y soltar al crío; ¡lo primero, el baile! A la moza de cántaro la estruja la cintura, la da un pellizco con dedos óseos, ¡y a remangar las haldas y a danzar! Y cuando la gentil recién casada, o la casta virgen, se estremecen notando que el aire se vuelve oscuro y que un soplo glacial ha rozado sus mejillas en flor, el esqueleto, aplicando la mano sobre la caja del esternón, en el sitio donde el corazón pudo latir un día, les hace tiernas declaraciones, susurrando en el tono del viento cuando solloza y estridula en las ramas de los sauces elegías amorosas, layes de pasión ultraterrestre...

Y, en el árida llanura, amarillenta, cercada por el anfiteatro de montañas calvas y telarañosas, a la luz del Sol que se pone detrás de los cerros, medio apagado, el baile comienza, al pronto, pausado y solemne, sin más música que el choque de los huesos marfileños, pelados y limpios, del esqueleto que dirige la danza general de la Muerte, tal cual se ve en los códices góticos. Danzan reyes con pastoras, monjas con guerreros, emperadores con labriegas, fidalgas con arzobispos. Lo que el amor no ha podido nivelar ni reunir en vida, lo nivela la Seca, la omnipotente, con su gesto coreográfico. Las invitaciones al baile han sido de base amplísima; no habrá piques; no se queda en casa nadie, mientras el baile se forma, apresura su ritmo y repicotea sus airosos puntos. Cogidos de la mano, empujados por la sobrehumana ley, contra la cual no vale resistencia, alzando los pies juveniles o gotosos, meneando los troncos flacos o tripones, castañeteando los dedos rígidos, retorciéndose como debían de retorcerse los Ardientes, en su ronda de martirio y locura, la multitud baila, baila, siguiendo al esqueleto que marca el compás y guía hacia el profundo agujero o sima abierto en mitad de la llanura, donde las parejas, alzando todavía la pierna para un trenzado, caen precipitadas. El corro, sin embargo, no se estrecha: nuevas parejas reemplazan a las que la sima tragó; y suben el pie más aprisa, y contonean la cintura más salerosamente y agitan los brazos y encogen y estiran los dedos, con el trajín peculiar de los agonizantes al rechazar las sábanas y mantas que los cubren. Las caras son del color de la cera; pero, a veces, un reflejo del expirante Sol, que no acaba de ponerse, las aviva con un toque rojizo. Vestiduras de púrpura, sayos de piel de carnero, sayotes de bayeta, briales de seda joyante, pingajos de mendigo, se rozan, se confunden en el remolino vertiginoso de la danza general. ¿Dónde están las preocupaciones de clase, las severas prescripciones de la etiqueta? ¿Dónde el imán de la pasión, que hace que dos manos se busquen entre cientos de manos, en una cadena de baile? ¿Dónde el odio, que separa más que altas paredes y millares de leguas? ¿Dónde todo lo que los humanos han creado para entretener el ignoto plazo de tiempo que les concede la Guadañadora, y para olvidar, entre estrépito, farsa, mentira y vanidad, la verdad única?

Una risa silenciosa dilataba mis labios viendo realizado el ideal de fraternidad e igualdad de tan perfecto modo. Nadie se acordaba, entre los danzantes, de lo que había sido durante el tiempo, siempre breve, otorgado por el esqueleto a la ficción vital, a la tramoya humana. O, por mejor decir, ahora que el inexorable acreedor presentaba su cuenta, todos sabían que no habían sido nada, nada, nada, más que puñados de polvo amasados por un alfarero en esta o aquella forma; polvo cuajado en barro quebradizo. Al romperse, sus tiestos y tejuelos se estrechan, cual confundidos en inútil montón se hermanan los restos en el muladar, antes de ser barridos con enfado y desprecio.

La ronda, no obstante, me parece, no sé por qué, escenografía, algo artístico, versificado, pintado, tejido, sin realidad inmediata. Esto, pienso yo, es cosa sugerida por la Edad Media, que, como nadie ignora, fue un periodo triste, renegador de la vida, amigo de la muerte... ¡Bah! ¡Pch!... La tal ronda es un baile viejo; ni más ni menos que la «danza macabra» del poeta judío amigo de don Pedro el Cruel; en suma: literatura y teología... ¡En nuestros tiempos hemos reemplazado la danza macabra por la danza griega de las ninfas y faunos, ronda jocunda, símbolo de la alegría de vivir! Anticuada está la procesión de la Seca...

Y en el mismo punto en que se me ocurre tal observación, que revela mi cultura y mi sentido moderno, el corro de baile, gigante por la grisácea llanura, alzando una polvareda, que es menuda, sutilísima ceniza de corazones — se ensancha para dar paso a nuevas parejas—. Ya no visten éstas ni púrpuras ni terciopelos cortados; ya no cubren sus cabezas tocas ni birretes. Llevan el mismo traje que yo, las propias vestiduras que Camila y que Trini; su ropa la han confeccionado sastres y modistas, sus manos calzan el guante actual. Pero sus caras son también céreas, y en sus mejillas, el Sol lánguido difunde el mismo resplandor de hoguera que expira. Y a esa gente nueva que se mete en danza, ¡yo la conozco! Son amigos que desaparecieron, son figuras medio borradas ya de mi recuerdo, que ahora se alzan con el mismo relieve que tenían en vida, cual si me hablasen, cual si acabasen de estrecharme la mano con la suya actualmente helada. A unos les he querido y servido; a otros les he criticado, les he detestado algunas horas de mi existir; a aquél, yo le admiraba, le envidiaba en secreto; al otro, le he llamado imbécil, cretino, en círculos, intelectuales... Y aquél que pasa fue mi rival unos meses, y por él me engañó y mintió y traicionó aquella que alza la pierna bonita, a la señal perentoria dada por el esqueleto con su pala de enterrador... Pasan, pasan, pasa mi existir, resumido, como el de todos los mortales, en unas cuantas fisonomías de semejantes míos, que me hicieron bien o mal, que me inquietaron con el enigma de su espíritu o de su destino. ¡Y he aquí la clave del enigma de ellos y del enigma de los demás y del mío, he aquí la clave!... ¡La clave del enigma humano!... ¡La danza general de la Muerte!...

¡Dios me asista! ¿Me engaño? ¡No! Ahí salen también a danzar los propios, los de mi sangre, los que siento en mí todavía... Danza mi pobre padre, el soñador, con su cabellera romántica al viento; y, arrebatada mal de su grado, danza mí majestuosa madre, resistiendo. apretados los labios y crispada la mano que magullaron las falanges del esqueleto tiránico. ¡Y aparece también la figura más familiar! Camila, la propia Camila, señora distinguidísima, con su original y celebrado traje de terciopelo muselina verde almendra (me enseñó ella este recitado) y su sombrero parisiense de plumaje llorón, entra en danza sirviéndola de pareja un pobre diablo, uno de esos famélicos que se sitúan, astroso el traje y entreabiertas las botas, en las esquinas, al anochecer, para susurrar pedigüeñerías... ¡Oh entonada, oh correcta Camila! ¡Si así creyeses que has de danzar, más pronto danzarías, porque habrías de morirte de repente, de susto y escándalo! ¿Hola? Detrás de Camila veo a Trini, agarrada a un vejancón que parece un sapo de pie... Y Trini danza, danza, sin preocuparse de su pareja: en este baile no se elige; es la promiscuidad de los antiguos ritos, de los cultos a las diosas sin freno. También la Seca —como su derrotada adversaria, la Lozana, la Mentirosa— goza en producir nefandos contubernios, aproximaciones imposibles, himeneos monstruosos, contrastes goyescos...

Quiero gritar, y la voz se me apaga. Acaba de salir a danzar una pareja nueva... ¡Rita! ¡Rita!, ¡y de la mano de su niño; de la mano de Rafaelín!

Para bailar con su nene se ve obligada a bajarse. Sus cabellos de tinieblas, flotando, hacen resaltar la blancura sepulcral de su cara exangüe y delicadísima. El niño, tan rosado, ahora tiene carrillos de azucena... y los dos, arrastrados por el torbellino, fascinados por la mueca sardónica de la Guadañadora, brincan, se contorsionan epilépticos, y corren desbocados hacia la sima central.

Movido de horrible curiosidad, me acerco a la boca del pozo del abismo. Allá en el fondo —si hay fondo—, a profundidad incalculable, creo distinguir otro resplandor semejante al del Sol enfermo y exánime que alumbra la llanura gris... Es algo confusamente rojizo, que se inflama y se extingue; es el ojo de carbunclo de un dragón que parpadea... ¡Fuego...! ¡Fuego...! ¡Hay fuego en la sima!

....

La voz de Marichu, ronca de susto:

—¡Señorito! ¡Señorito! ¡Venga! ¡La señorita se muere!

Y el médico y yo, despertados a un tiempo, él del feliz sueño de la buena digestión, yo del devaneo de mi fantasía volando con alas de murciélago, nos precipitamos hacia la alcoba.

VI

El doctor me lleva a un rincón, secreteando.

—Esto se acaba. La fatiga y el ansia que siente es que va a repetirle la hemoptisis. Y en ella, no respondo de que...

En vez de alarmarme, aprobé tranquilo. Era lo que tenía que suceder; ¡si lo sabría yo! Como que acababa de verlo... Acababa de asistir anticipadamente al momento que iba a transcurrir ahora: los pasos de la Seca tal vez resonaban en la calle, en la escalera tal vez. De todos modos, no tardaría en presentarse. Eran inútiles llaves y cerrojos para oponerse a su paso; y el doctor, con sus recetas y sus pociones, estaba soberanamente en ridículo, fuerza es reconocerlo.

—¡Rita, niña! —silabeé a su oído, cubriéndola de caricias, que ella ni advirtió.

—Álcela usted por la espalda... A ver si se atenúa la fatiga...

La incorporamos. Me miró como suplicándome que la aliviase.

—¿Qué sientes?

—Lo... de... antes... Sabor a hierro... aquí..., aquí...

Señaló hacia la laringe... y al hacerlo, la ola avanzó, las venas del mísero cuerpo se vaciaron, entre las angustias y los afanes postrimeros. La cabeza recayó en las almohadas. Sequé, limpié los labios manchados, enjugué la frente cubierta de glacial sudor. Ella entreabrió los ojos, y en voz de soplo, espaciando, murmuró:

—Me voy... Acordarse... El niño...

Un sutil estremecimiento la recorrió toda. Se inclinó su faz un poco hacia el pecho. Los ojos quedaron abiertos, cuajados, fríos; los labios, remangados, descubrieron los dientes. La nariz se afiló de súbito. La sonrisa, vaga, era de paz, de serenidad infinita; no protestaba, ni se quejaba, ni temía al más allá; en los labios flotaba la certeza del perdón. Y la contemplé, y las visiones calenturientas se apoderaron de mí otra vez: veía la danza, el esqueleto-guía... Por las ventanas de la sala penetraba la claridad polar de un amanecer de invierno matritense.

—Volveré dentro de un par de horas, Marichu. No la abandones.

Salí con el doctor, que exclamaba «¡Hiela!; ¡qué gris sopla!», no sabiendo qué decirme, en la duda de lo que significaba para mí aquella muerte; en la hipótesis de cuáles podían ser los lazos que me unían a la difunta. Y como yo no le hiciese el dúo en su tiritón intencional, se creyó en el caso de decir generalidades.

—Son momentos muy tristes... Era previsto... Dado el giro del padecimiento... Sin embargo, si no sobreviene esta última hemorragia...

Contesto con signos ambiguos, con enarcamientos de cejas de esos que a nada comprometen, y a la puerta ya del médico, saco mi cartera:

—Por no molestar a usted otra vez... si quisiese que liquidásemos ahora mismo nuestra cuentecilla..., ¿los honorarios...?

No hice caso de una protesta de desprendimiento hidalgo, de esas que en situaciones análogas tiene todo español, y le metí en la mano billetes. El apretón de despedida fue vehemente. Quizá representaba mi dinero el desahogo, el bienestar de un mes en el modesto hogar.

—Falta aún... Usted perdone... Me hará el favor de llenar las fórmulas, ¿no es eso?...

Sí, él llenaría las fórmulas... partes, aviso a la funeraria, y todo lo que se ha menester... Y yo seguí a mi casa. Me empujaba a ella, con tal prisa, la tiranía más poderosa y exigente de cuantas sufre el hombre de nuestro siglo: la tiranía del aseo. Para mí, como para tantos contemporáneos míos, el hábito del aseo ha llegado a convertirse en nimia obsesión. Las uñas sucias, los dientes sin enjuagar con elixir y sin frotar con pasta, el pelo sin cepillar, un borde dudoso, gris, en los puños de la camisa, bastan para hacerme desgraciado. A pesar de mi devoción extraña a Rita Quiñones, su menaje no me tranquilizaba poco ni mucho, y la fúnebre noche había impreso huellas en mi ropa y en mi piel. Sentía ese hormigueo, esa desazón física y esa especie de disminución moral que produce la certeza de no estar puro, nítido, fresco.

Con deleite de romano de la decadencia entré una hora después en un baño donde acababa de esparcir puñados de espuma de jabón y un frasco de colonia fina. Al flotar en el agua tibia y aromosa, las visiones de cementerio me parecían tan difumadas y desvaídas como un fresco de sacristía deteriorado por la humedad, y la desaparición de Rita, algo sucedido hacía muchos años y en un país distante. La fricción con el guante seco, activando mi circulación, acreció mi bienestar material; un chocolate ligero, a la francesa, en taza elegante, flanqueado de brioche, mantequilla y tostadas, absorbido al lado de la chimenea crepitante, metido mi cuerpo en ropón de franela caliente y mis pies en zapatillas confortables y airosas —las zapatillas fondonas, achancletadas, no las puedo aguantar, me ponen en ridículo ante mí mismo—, preparó sabiamente mi estómago, sin cargarlo. Tadeo, el ayuda de camara, solicito, me vistió con ropas bien cortadas y de estación, y al darme los guantes, interrogó:

—¿Almorzará el señorito en casa? Porque la señorita Camila siempre me pregunta...

—No sé... Es probable que sí.

Volví a la casa mortuoria. Desde que pisé el portal me asaltó una idea, que en el primer momento me parecía singular, aunque después me haya enojado con los que singular la encontraron también. Y esta idea era que ya tengo familia; que tengo un hijo y que debo desear verle, besarle. ¿Cómo no lo hice ya a la madrugada, al rendir su madre el último suspiro?

Llamé. Marichu, que me abrió, traía los ojos hinchados, el pelo revuelto, el aliento impuro, de desvelo y fatiga.

«Es preciso —pensé— nstalar a mi niño como corresponde. Le educaré, le cuidaré maravillosamente.»

Y planes britanizados, todo un programa serio, pedagógico, a la moderna, se formuló en mi mente mientras cruzaba el angosto pasillo cubierto de estera vieja y forrado de papel color manteca imitando los nudos y vetas de la madera de pino. Era la engañifa de la vida que volvía a apoderarse de mí con sus seducciones, su persuasión fascinadora de que hay cosas que urge, que importa hacer, y a las cuales debe consagrarse todo nuestro esfuerzo, sin vacilación y sin descanso... La engañifa me hizo tanto provecho como el baño y el chocolate, y entré en la alcoba mortuoria casi alegre, con la viril alegría de la acción.

La valerosa Marichu había arreglado y mudado la cama, lavado y vestido a la muerta con su mejor traje, de negro paño. Había cruzado sus manos, clausurado sus ojos de sombra, cuajados ya y mates como azabache sin bruñir, recogido con la modestia de los supremos instantes la cabellera indómita, de rebeldes mechones. La chica vascongada tenía, ciertamente, el sentimiento de lo conveniente en determinados casos. Me acerqué, mire a Rita —si es que era Rita el tronco inerte que yacía sobre el lecho— y me quedé absorto por el encanto de filtro letal que se desprendía de la contemplación. Sin duda quedaba mucho de alma en el cadáver. ¿No era el alma lo que bañaba con irradiaciones de paz y misterio la cara inmóvil? ¿No era el alma lo que se aletargaba tan calmosamente, lo que imprimía majestad a la frente clara, como retocada de luz? A la boca sonriente de un modo imperceptible, ¿no se asomaba el alma, a falta de aliento? ¿No había alma en las Cruzadas manos casi transparentes, entre las cuales Marichu, no poseyendo un crucifijo había deslizado una humilde estampa del flamígero Corazón? ¿Podrá ser solo la materia la que sugiere tanta emoción dramática en presencia de estos despojos? Miro hacia el fondo de la alcoba, buscando en las umbrías de los rincones al Ser que ha de contestarme, al Ser que disipe mis incertidumbres. En el silencio flota algo sagrado... Tal vez está ahí la Seca... Y de seguro es ella, la Omnipotente, quien me responde, entre castañeteos de mandíbula desencajada y chirridos de goznes herrumbrosos:

—Majadero: lo que te impresiona, ni es la materia, ni es el alma. Es la forma, la forma engañosa, algo lineal y superficial, que sobrevive a la vida.

—Date aceite a las clavijas de esos huesos —replico irritado, despreciativo y con jactancia colérica— para que no chirríen así. Tú debes ser callada, reservada, correcta, discreta. No me gustarás, ¿has entendido?, hasta que adoptes los modales de la mejor sociedad.

Y creo oír una carcajada sofocada, sorda, como si ella se desparramase de risa dentro de la oquedad de un nicho. ¡Ella! ¿Por qué llamarle así? Ella es la mujer; ella es la que simboliza la humareda azul del hogar, garantía de la supervivencia en la familia; solo a la amada se aplica el dulce pronombre demostrativo...

¡No quiero que me atraigas, no quiero ser tuyo, esqueletada coqueta! Hay otro atractivo que vence, y, de fijo, vencerá siempre al de la Segadora. El niño pisará la cabeza de la muerte... Y en mi memoria, en ese caprichoso terreno donde brota lo que menos esperamos, salta una copla del sentencioso secretario de don Juan II, y se me viene a los labios:

Como toda criatura
de muerte tome siniestro,
aquel buen Dios y maestro

proveyó por tal figura
que los daños que natura
de la tal muerte tomase,
luxuria los reparase
con nueva progenitura...

—¡Marichu! —grité— ¿El niño, está despierto?
—Sí, señor.
¿Vestido? ¿Limpio?
—No, señor... No pude... Con atender... —y señaló al lecho funerario.
—¿Se ha desayunado?
—Un poco de leche le di...
—¿Sabe?...
—Inocente, ¿qué quiere que sepa? Algo se malicia ya... Tan listo.
—Arréglale muy bien, y avísame.

Mi ilusión de paternidad no quería yo perderla con una impresión que sublevase mis sentidos desde el primer momento. Como los sultanes de la Biblia que hacen lavarse, macerarse en aromas, revestirse de los mejores adornos a las que van a compartir su tálamo imperial —cultivando, sabiamente, la mentira subjetiva, fuente de toda ventura—, yo hubiese deseado al chico trajeado de terciopelos y guipures, saltante de planchados, exhalando olor a Rimmel y— a ropa nueva, inglesa, cara. Soy un refinado exigente, lo cual me vale sufrimiento y decepción continua. Quisiera que el sentimiento, o al menos la sensualidad, tuviesen el poder de abolir esta exasperación de mi delicadeza; y jamás la han tenido. En horas de delirio, o que para ser algo deben ser de delirio, mis sentidos lúcidos, vigilantes, severos, me vedaron el transporte y el anonadamiento que se parece a la muerte, y solo por este parecido me hechizaría. He advertido todo, todo, todo; la basta calidad de un encaje, el corte desairado de un zapato, el principio de fatiga de un corsé, la imperceptible empañadura de una tez imperfectamente purificada, el vaho de un estómago nutrido de groserías... Y esas ofensas al refinamiento me han producido rencor, como si el ofendido fuese yo mismo, directamente; y el rencor me ha marchitado las flores de poesía en los labios y en el espíritu. ¿No me decía el año pasado la pobre Catalinita (por señas, una amiga de mi hermana), no me decía, repito, en son de despedida, en ocasión crítica y que otro llamaría solemne: «Eres un desagradecido. Te vas furioso contra mí»?...

Sí, furioso quedo yo cuando alguien me devasta por dentro, me disminuye la poesía, me roba mi sueño y mi pasajero entusiasmo... Marichu: pon cuidado, pon cuidado en cómo arreglas al niño, que en este momento es el asa a que me agarro para no caerme de mi propia altura imaginaria. ¡Oh arcangelito Rafael: haz el milagro de llenarme este abismo que hay en mí; llénamelo con tu monería celeste, con tu mohín murillesco, con tus carnezuelas amasadas de mantequilla y hojas de rosa, con tu mirar donde aún no se ha reflejado la negrura humana! Enamórame de ti, de tu cuerpo santo, sin contaminar, de tu pensamiento impoluto, de tus manos sin fuerza, de tus pies corretones... ¡Hazme padre, sin que yo tenga que rendirme al yugo de una Trini, de una mujer práctica, positiva, bien equilibrada, que lleve cuentas y saque brillo a mi capital! Hazme padre, que es lo que anhelo secretamente, porque ser padre es arraigar en la vida. Mira que estoy rendido de tanto aspirar a la paz de la Sima oscura... y que, para decir toda la verdad, la Sima es aterradora... ¡Y sí he visto bien, sí; allá en el fondo tiene fuego...!

—Aquí viene, señor: el huerfanito le traigo...

Cierro aprisa la vidriera de la alcoba, donde yace la madre, y me arrojo hacia el mocoso, le levanto en brazos y le devoro a besos. Él se ríe, se defiende y me pega puñetazos en los ojos, chillando: «Bapar, malo, Bapar...»

—No me llamo Bapar. Me llamo papá.

Marichu abre unas pupilas sosas, como dos bolas barnizadas... ¡Se lo sospechaba! ¡No era huerfanito el nene! Padre tenía, solo que los miramientos y las razones..., el mundo, el mundo...

—Yo corro con todo, Marichu. Quizá nos mudemos, antes de la semana que viene, a otra casa. Ésta es triste. Entretén al pequeño; que no vea...

—¡Basta! Entendido, señor... Alla me lo llevo, cuando llegue la hora...

—Ahí va un par de billetes, para lo que ocurra...

—Suerte tiene Rafaelín... ¡Amparo no le falta!

VII

El contento que me oxigenaba el espíritu me animó a empeñar, desde el primer instante, la batalla con Camila. Como todo hombre, no dejo de temblar a las peloteras domésticas; sin embargo, el orgullo de mi superioridad me presta una fuerza que acaso la razón no me daría.

Transcurre el almuerzo. Cobardemente, por hacerme los lares propicios, lo elogio, aunque no me encanta: a los huevos revueltos les faltan trufas; los beefsteacks están demasiado hechos, y el pescado no trae salsa aguda, correctora de su insipidez; lo reviste esa bandolina amarilla titulada mayonesa. Camila propende a la economía; inspecciona a veces la cocina, y está siempre tirando de la rienda, para ahorrar una mezquindad. El elegante desprendimiento que hace tolerable el roce entre sirvientes y amos, quitándole la aspereza batalladora del interés, es desconocido y sospechoso para Camila.

Puesta la conversación en el terreno conciliador, pasamos al gabinete, a saborear el café. Me traen mi kummel, y cargo la mano en la dosis. Camila reprende el abuso: ¡pocos licores, pocos! Poco de todo, parsimonia en todo, excepto en lo que puede dar de nosotros alta idea a la sociedad, tal parece ser la regla de conducta de Camila.

A la tercer dedalada de licor, me decido. ¡Pecho al agua! Hablo, en tono sencillo, confesándome; no omito nada, excepto la tremenda historia de Rita, adivinada, soñada tal vez; expongo mi resolución de traerme conmigo al pequeño, de ser como su padre, en toda la fuerza afectiva de la palabra. Calentándome al hablar, declaro que el niño me es necesario; que carezco de algo que me adhiera a este mundo tan deleznable, tan mísero... Me vacío, me espontaneo, y al mismo tiempo que lo hago lo deploro; me encuentro inferior a mí mismo, y me acuso de la caída, sin dejar de caer aceleradamente —¡caso demasiado vulgar!—. ¿Cuándo aprenderemos a no franquearnos con nadie? ¿A guardar el tesoro?

En efecto, he aquí el fruto de mi expansión.

Camila me escuchaba, puesto el codo en la mesa y la mano derecha en la mejilla. Sus ojos grises, penetrantes, que empiezan a marchitarse un poco por los párpados, me escudriñaban con una mezcla de recelo indefinible, de lástima, de severidad, de indignación. Su izquierda sacudía de tiempo en tiempo, por un hábito de corrección mundana, los encajes amarillentos de la chorrera de su blusa, en persecución de alguna migaja trasconejada quizás. Con pueril curiosidad, yo seguía la doble corriente de aquel espíritu femenino: la de la protesta y la de la rutina.

—Hijo mío... —cuando se maternizaba, era para reducirme a la nada con su sabiduría positivista, su buen sentido social—. Hijo mío... —y miró alrededor, cerciorándose que no la podía oír ningún criado: la desconfianza de la domesticidad es una de las notas características de mi hermana—: Yo... ¿qué quieres que te diga? Por mi gusto, callaría, y te dejaría hacer tu capricho. No me ha agradado nunca mezclarme... Pero mi deber, deber sagrado, es decirte varias cosas. No: no creas: en parte me alegro de que venga rodada la ocasión. ¿Permites?...

Se levantó, oprimió el timbre y ordenó al sirviente que se encuadraba, derecho y mudo, en la puerta:

—No estamos en casa para nadie..., ni para la señorita Trini... No me traiga usted ningún recado, ni los del teléfono, hasta que yo avise de que se pueden pasar.

Segura ya del tiempo, se sentó otra vez, bajó los ojos, pareció recogerse, y al fin se lanzó, adquiriendo gradualmente mayor aplomo.

—Todo cuanto me has referido es tan extraordinario, que... perdona, hijo... no es fácil que yo lo comprenda... en una persona que esté... en su juicio...; vamos, que esto no es indicar que tú no lo estés...; al contrario... tú sabes más que yo, tienes infinitamente más talento que yo..., pero son cosas en que a veces, los tontos —¡qué gesto olímpico el suyo al declararse tonta!— vemos lo que los sabios no aciertan a ver... Y yo veo claro en ti, Gaspar, no lo dudes, ¡veo clarísimo! No en vano hemos sido niños y jóvenes a un tiempo, en la misma casa, y no en vano estamos juntos desde que enviudé. ¡Tú has sido siempre raro; tú has mirado siempre las cosas por un prisma... hijo, qué prisma! No sé si te molesta que me exprese así...

—No... Sigue... Si me ayudas a conocerme, te lo agradeceré mucho. Deseo darme cuenta de lo que les parezco a los demás. Acaso eso me ilustre.

—A los demás, como a mí, raro y muy raro, y hasta extravagante les pareces. Trini, por ejemplo, Trini, a quien tan simpático le fuiste... Bueno, Trini no tiene otro recurso sino confesar que... a menos de estar tocado... Tú dirás que éstas son apreciaciones, que cada uno se gobierna a su modo; no, hijo mío; hay cosas y hay materias en las cuales no cabe discusión, todo el mundo va conforme... porque no existen dos maneras de entenderlas. Y el que las entiende de un modo disparatado, es que le falta la rueda catalina... Así, así te lo planto, Gaspar. ¿No pides claridad? ¡Pues ni el agua!

Como yo no opusiese la menor objeción, prosiguió, excitada ya, con el ímpetu del que al fin desahoga, harto de reprimirse y desaprobar en silencio, ahíto de mascarse la lengua.

—Y si no, vamos a ver... Querido mío, ¿es verdad o es mentira que siendo tú un hombre todavía joven —treinta y seis años no son la ancianidad—, que no padeces ninguna enfermedad conocida, que gozas de una renta muy bonita, y que deberías estar contento y disfrutar y casarte y lucir la posición, te empeñas en oscurecerte, en echarte encima cargas y compromisos? ¿Es verdad o mentira que solo te falta, y perdona la frase, sarna que rascar? (Torcí el gesto; mi refinamiento protestó.) ¿Y es engaño que estas muy a menudo de murria? ¿Por qué no te dedicas a algo, por qué no emprendes... qué sé yo? ¡Lo que emprenden los demás hombres! ¡Política o negocios o..., en fin, lo corriente!

—¡Política! ¡Negocios!... —interrumpí—. ¿Para qué? ¿No dices que tengo lo bastante? Tú a nada te dedicas, Camila, y tú vives feliz, como el pez en el agua.

—Me dedico a la sociedad, a mis amigas, a mi casa... No tengo un minuto de esplín. Tú, como si fueses un inglés: aburrido, aburrido, soso, soso...

—También yo me dedico a la sociedad, a mi sociedad especial; no hay una sola, hay varias... En estos últimos tiempos, mi sociedad ha sido moribunda. ¿Qué le voy a hacer, si mi sociedad tiene un pie en el sepulcro?... Solo me extraña que tú, religiosa como dices que eres, no veas sino las cosas de este vivir tan pasajero... Debieras interesarte un poco por lo que sigue a la vida, que es el morir.

Enarcó las cejas, signo de ira.

—Ahora me vienes predicando..., tiene gracia. Yo te pregunto: ¿Es fiel la pintura que hice de tu carácter?

—Fidelísima. Soy como me has descrito.

—Entonces... saca la consecuencia. Mira: no tengo afición ninguna a los perdidos, a los viciosos, y, no obstante, creo que preferiría que te diese...

vamos..., por alguna tontería, por alguna calaverada de esas... de esas que no deshonran. Sería menos malo que te enamorases ciegamente y siguieras por montes y valles al objeto de tu amor haciendo mil absurdos, y te rompieses por ella la crisma con un rival... En fin, cualquier barbaridad que, pasado el primer momento, se te quitaría de la cabeza, y después te convertirías en hombre formal y corriente. Pero, con tus singularidades, empiezo a perder las esperanzas...

—¡Bah! —respondí, en un afectado tono ligero que tiene la virtud de sacar de tino a mi hermana—. Las esperanzas, ¿de qué?

Frunció el ceño y calló indecisa un instante... Al fin, dura, resueltamente, me la plantó:

—Las esperanzas de que estés bueno de la cabeza.

No porque la pronunciase Camila, sino porque dentro de mí, una cavilación ya antigua, un susurro psíquico, repetía la brutal frase, me sentí palidecer y estremecer. Ella creyó en mi derrota y apretó el tornillo, cosa propia de su manera de ser poco comprensiva, intolerante con la flaqueza.

—No pienses que esto es una idea mía; te advierto que por ahí corre fama de que estás muy chiflado. —Y se llevó el dedo a la sien—. Excuso decirte cómo te calificarán si averiguan todo ese tejido de lindezas, todo ese tinglado estrambótico sobre el cual vas a fundar tu vida. Si se enteran de que has sido amigo de una perdularia, amigo a secas, hasta el extremo de asistirla en sus últimos instantes; si saben que por la tal perdularia, de la cual dices que solo fuiste amigo, rompiste tus proyectos de enlace con una señorita (la voz de mi hermana se hizo enfática), una señorita ¡cómo Trini, que es la proporción más cabal, lo que puede satisfacer al hombre más exigente! ¡Si ven, además, que te llevas a casa un niño que no se sabe ni de quién es hijo y que tuyo no puede serio..., excuso decirte la opinión que formarán del estado de tus facultades mentales! Créeme, Gaspar, eres un ca-so, un ca-so. ¡Consúltate!...

—Cada uno es un caso —repliqué, reaccionando, montado ya en el Clavileño de las ideas incomunicables—. Acabas de hacer el catálogo de mis condiciones para ser dichoso. Poco valdrían esas condiciones si no fuese unida a ellas la libertad, ¿entiendes?, para hacer lo que me place y no lo que tú y tus contertulios de dos o tres casas habéis dispuesto. Vuestros cuaqueos de patitos de corral asustados, ¿qué quieres que signifiquen para mí? Pensáis muy bajamente, muy ruinmente; y no sé cómo puedes concordar esas opiniones con otras que profesas, al menos en apariencia... ya te lo he dicho. ¿Eres tú cristiana? ¿Eres tú espiritualista? ¿Y prefieres que tu hermano se entregue a vicios, tú lo aseguraste, no lo niegues ahora, a que recoja un pobre niño desamparado y le sirva de padre? ¿Se es solo padre por engendrar materialmente? Tú llamarás, de fijo, padre al confesor. Si yo hubiera pecado con la madre y de ese pecado naciese la criatura, comprenderías que la recogiese. Haciendo lo que hago, y que tú debieras considerar una buena obra, aunque yo (pero esto es muy sutil) la realizo por egoísmo, me clasificas entre los dementes... ¡La demencia es la tuya en atribuir tanto valor a lo que ha de durar tan poco! ¿O es que crees, Camila, desdichada, que los demás se irán y tú quedarás? ¿Piensas que eso no puede ocurrir, hoy, hoy mismo, después que cojas el sueño rumiando lo que has de murmurar mañana en casa de las de Correa? Todas las noches, cuando te retiras a tu dormitorio, echas la llave, pasas el cerrojo y hasta registras el tocador, no se quede allí escondido algún bergante; y no te fijas en que hay alguien que se filtra por las paredes lo mismo que el Comendador, y a quien los hierros más gruesos sin cuidado le tienen... Te haces la olvidadiza de que hay una mano fría que se apoya sobre los hombros, una gran Señora que hace una seña y nadie la desaira... ¡Sí, facilillo es desairarla! La cordura es pensar en ella y la locura creer que vas a responder si se presenta: «Aguárdese usted, que tengo sin estrenar un sombrero de París, y mañana me ha dicho Trini que almorzará conmigo, y he de darle a la cocinera mis órdenes... A Trini la gustan los pastelillos de ostras...» ¡Lo que ella se reirá con su boca sin labios cuando repliques así!

Anticipando la lúgubre risa, me reí yo morbosamente. El café cargado, los sueños con alas de murciélago, la impresión del tránsito de Rita, de su horrible destino, todo me había puesto de punta los nervios, y mis carcajadas ásperas, rascantes, parecían el chirrido del bramante encerado contra la piel tensa de la zambomba. No es fácil describir la mirada que mi hermana me echó. Había en ella terror, había al mismo tiempo cierta humildad, y había la incertidumbre del que no sabe si lo que le dicen es una admirable sentencia o un peregrino disparate. Fue evidente para mí entonces que Camila era lo mismo que la mayoría de los humanos; que unas veces creía, otras, las más, no creía en el glorioso advenimiento de la Segadora. Era indudable que, distraída por el necio devaneo de su vida (según el mundo, sensata, decorosa, loable), no se persuadía sino raras veces de que esta vida, exactamente lo mismo que otra vida, disipada, arrastrada, pobre deshonrosa, infamante, era algo colgado de un pelo, era como resbalar aprisa por el borde de un precipicio, era la pesadilla de una persona que no sabe en qué hora ha puesto el despertador, y que, a la menos imaginada, ha de escuchar el retintín violento que le llama a lo desconocido. Ni la sensatez ni el decoro son obstáculo al paso de la Seca; y toda la consideración social no puede lo que el gusano...

Y vi asimismo que Camila deseaba variar de tema, y me imploraba angustiosa, urgentemente.

—No digas horrores... Cállate —imploró.

Un impulso de ferocidad se alzó en mí.

—¿Horrores? —repetí sarcásticamente.

Y levantándome y acercándome a Camila, la cogí las dos manos y la grité casi al oído:

—Has de morir... Has de morir... No lo olvides, mujer...

La sentí temblar, escalofriarse y estallar en sollozos. Entonces me avergoncé, y tartamudeando, formulé una excusa. Ella seguía llorando, habiendo dado al diablo su corrección, su equilibrio, su majestad de respetable dueña todavía apetecible; de cierto comprendía aquel instante que los cuidados mundanos son miserias, nonadas ante la perspectiva infinita de lo eterno... Conmovido a pesar mío, la eché los brazos al cuello, la consolé, me acusé de estúpido, de mal intencionado... Ella correspondió a mi arranque fraternal con otras caricias, sonriendo ya en medio del llanto miedoso; y por un instante, los que tanto tiempo hacía que no éramos hermanos, lo fuimos, unidos por nuestra común miseria, por el espanto del más allá, por el poder incontrastable de lo que manda en nosotros y nos iguala al suprimirnos... como iguala el segador la hierba del prado.

VIII

Son en mí tan poco frecuentes los arranques sentimentales: los reprime tan pronto el cerebro, que aproveché la situación de ánimo desusada en que había quedado para volver sobre mí mismo.

Tal vez contribuiría a preocuparme la impresión de ciertas palabras y, sobre todo, del gesto con que Camila las había pronunciado... Era un gesto sincero (aun cuando Camila adolece de afectación, y muchas veces miente creyendo cumplir uno de sus deberes sacratísimos). ¿Estaré en efecto...? Lo que tomo por meditación y análisis, ¿será desvarío de insania...?

Vuelvo atrás la vista y abarco mi existencia —no la exterior, que nada significa ni vale; la positiva, la de dentro—. Exteriormente, yo he llevado una vida normal y sin tribulaciones de esas que se comentan con lástima. Mis penas ante el público las enumero así (por el orden de la importancia que el público les atribuyó):

1.ª Quebranto considerable en unas acciones de minas de antracita, que bajaron de golpe y que vendí con notable pérdida. Se me creyó arruinado.

2.ª Derrota de mi candidatura a diputado por el distrito de Corbalán. Se me declaró fracasado.

3.ª Fallecimiento de mi madre.

4.ª Fallecimiento de mi padre.

5.ª Grave afección del estomago, que padecí a los veintiocho años, y que tardó mucho en aliviarse, después de tratamientos complicados, régimen severo, prohibición de varias fruiciones y una larga temporada de oxigenación en el cortijo de mis primos, en Andalucía. La chusma atribuyó mis gastritis a la lectura y al estudio, porque, como trato a mucha gente frívola, al que reúne dos docenas de libros y los lee le juzgan un pozo de ciencia... Yo sé que una crisis de sensualidad desenfrenada fue la que minó mi salud, acaso para siempre, porque mi estómago no ha vuelto a recobrar su alegría animal, su feliz humor, su vigor que repara las pérdidas del organismo. Hasta me habitué a dividir mi vida material en dos épocas: antes y después de la gastritis.

Y... ¿qué más de biografía? ¡Todo, todo! La biografía es como los cofrecillos que encierran joyas; por trabajados que sean, no dicen la verdad, si no se abren para conocer lo que vale su contenido...

De niño, apenas entré en conciencia, fui muy triste y muy romántico, y oculté mi tedio porque mi timidez constituía una enfermedad, y el terror de las burlas me encogía y me enseñaba precoz disimulo. Convencido absolutamente de que me moriría al llegar a la pubertad (sin darme cuenta exacta de lo que pubertad significa), sentía terrores indefinibles, y a la vez raptos de entusiasmo, alas en la imaginación. A los doce años, antes de la primera comunión, tuve un acceso de misticismo. Si pudiese volver a aquel estado, me consideraría ultradichoso. Con escrúpulo examinaba cada uno de mis actos; me arrepentía de los malos; lloraba a solas, y a solas me regocijaba cuando había sido perfecto, porque ocultaba como un secreto terrible este estado moral, sugerido por la preparación a recibir la Eucaristía. Y como secreto terrible he seguido ocultando lo hondo; como secreto para mí y nada más. Soy un solitario del alma... ¿Quién podría comprenderme? Al escribir mis sentires, ya percibo que lo mejor o lo más exquisito y precioso huye entre los dedos, se liquida, se gasifica, desaparece.

Oculté también la caída, la vergüenza, la ridiculez del pobre niño que se cree hombre porque se enfanga. El primer libro inmundo, los primeros cigarros, las primeras daifas, la primera ventura de beodo, se resolvieron en asco indefinible y en un ansia insensata de anonadarme: no fueron raptos de alegría o de miedo, sino rabioso deseo de no ser. He pensado después que este peculiar estado de ánimo lo expresa el profundo símbolo medieval —los desposorios del Pecado con la Muerte—. La tristeza de la culpa, ¡qué cerca está del ansia de aniquilamiento!

Una ventaja tuve tan solo: deseaba el fin, pero con despecho, como se desea lo que daña... Al menos, por entonces, ella no me parecía buena, no me parecía hermosa, no me parecía seductora, divina; no era el anzuelo de mi espíritu... ¿Ahora, ahora te lo parece, Gaspar? No: ahora, ahora, ahora no; el niño se interpone y me defiende.

Una tarde, me acuerdo que salí solo (mis padres me han vigilado poco en la edad peligrosa, y han hecho mal; no haré yo así con Rafaelín; en general, los muchachos españoles disfrutamos de libertad excesiva). Estábamos entonces en el campo, en nuestra casa de Portodor, y yo iba con frecuencia al pueblecito próximo, donde se celebraban fiestas patronales y ferias y funcionaban chirlatas y otros establecimientos menos santos.

La víspera yo había cometido en el poblachón mil imbéciles, risibles exce-sos. Una congoja infinita oprimía mi corazón, mientras en mi cabeza notaba la sensación de vacío de plomo (no sé expresarlo de otro modo) que los comienzos de las jaquecas nerviosas producen. Mis venas estaban aridas y como agotadas; mis manos, temblonas, como las de un viejo; en el pecho notaba un hoyo y vaciamiento de mi ser; mi pulso no se encontraría; se me figuraba tener los párpados llenos de arena menuda, y en la lengua saburro-sa revolvía hieles gordas, lo mismo que si mascase el amargor de mi bajeza. Mi andar era lento, desigual; a veces me paraba por necesidad de suspirar y de pasarme la mano por la frente, o para reclinarme en algún tronco de árbol. No hay nada que así se avenga con ciertos estados de desolación del espíritu, como una puesta de Sol, sobre todo en un paisaje pensativo y penetrado de insinuante melancolía. La puesta de Sol de aquella tarde era de esas de las cuales se oye decir que si un pintor las traslada al lienzo se le acusa de falsedad en la visión, por el exagerado romanticismo del colorido y hasta de la forma de las nubes. Anchas barras del más inflamado rubí simu-laban inmenso incendio, cuyas llamaradas cortas surgían de un anfiteatro de baluartes del metal oscuro, terrible, que amuralla la siniestra ciudad del Infierno dantesco. Era una puesta de Sol de remordimiento, de sudor de sangre de la conciencia. Sobre el fondo del celaje acusador, los troncos de los árboles, ya semidespojados por el otoño, alzaban su ramaje en actitud de implorar perdón o auxilio; y a mis pies el río, ensanchado, porque se acerca-ba a su desagüe en el mar, reflejaba en la superficie inmóvil, apenas estriada imperceptiblemente por la brisa de la tarde, los encendimientos del poniente, próximos ya a apagarse entre la cenizosa niebla de la noche. Yo me paré en una revuelta de la orilla, donde una peña musgosa convidaba a sentarse y descansar. Fascinado, miraba a la sábana de agua durmiente, adivinando su hondura y advirtiendo cómo se extinguían en su seno las brasas caídas del celaje, y cómo se oscurecía el haz del agua, poco a poco... Hubiese yo jurado, que, desde la planicie lánguida, sesga, de letal dulzura, alguien me miraba, y que un filtro de deleite supremo corría por mis venas yertas antes. Un verso de San Juan de la Cruz me martilleaba en la memoria:

¡Oh, cristalina fuente!

¡Si en esos tus remansos plateados
formases de repente
los ojos deseados
que tengo en mis entrañas dibujados!

Y unas pupilas oscuras, enormes —de asfalto y tinieblas, como las de Rita Quiñones la pecadora— me miraban desde el hondón del agua. Si eran pupilas de mujer —porque lo sobrenatural sentimental, para el varón, es siempre femenino—, al menos la mujer no alzaba del agua ni el torso mórbido ni la grupa redonda; ni blanqueaban sus carnes bajo la linfa, ni debía de poseer cabellera rubia como la de las hijas del Rin. En mi mocedad y cruda todavía, la mujer era otra cosa bien diferente de aquella criatura de misterio que me arrojaba una mirada magnetizadora; que me invitaba a la sombra y a la paz ya nunca turbada. La mujer, tal cual yo la conocía, en aquel momento, ¡qué náusea provocaba en mí! ¡Qué vaho de matadero, qué tufo de carnicería, qué emanaciones de estercolero asociaba a su impura imagen! En cambio, la del agua, la que me llamaba sin voz, la toda mirar, la toda callar... ¡con qué sugestión de olvido y de reposo me ofrecía sus invisibles brazos, enredados en las algas oscilantes del lecho del río!

Inclinarme nada más un poco, y el abrazo divino vendría a mí; ella subiría desde la profundidad, yo me precipitaría... Dos veces inicié el gesto, y dos veces me detuvo el instinto, la ruindad debiera llamarle... Así y todo, al salir la Luna, que es cuando el agua tranquila nos hace señas más amorosas y atrayentes, es probable que hubiese cedido al deseo, si no se aparece el criado viejo de mi casa, Carlín, que me buscaba, por repentina orden de mi madre, para disponer el equipaje: se había recibido un telegrama que nos obligaba a volver sin tardanza a Madrid al día siguiente...

Otro período empezó entonces para mí. Hice gimnasia, estudié, monté a caballo; se completó mi desarrollo, se normalizó mi vida física, equilibré los gastos con los ingresos, y la impetuosidad y fuerza de la plena juventud influyó en mi espíritu. Sin razón alguna yo estaba alegre, reía, jugaba y bromeaba con mis hermanos, y encontraba un sabor delicioso y un encanto inexplicable a cualquier incidente; el afán de una diversión sin sal me tenía despierto una noche entera; a veces, ¡oh ignominia de la vulgaridad humana!, abrazaba a mis amigos de súbito, solo por desahogo cordial, y me creía perdidamente enamorado de mujeres de cuyo rostro, hoy que cierro los ojos para evocarlo, no puedo ni acordarme. En un platillo de la balanza ponía el incremento de mis fuerzas, en otro su derroche, y la oscilación apenas se percibía. Sin embargo, en ciertos momentos me acordaba del río, de la pena, de la tentación, ahora vaga y latente; y era como la memoria de un amor verdadero, que nos asalta entre frívolos devaneos y aventuras sin consecuencia. Es indudable: nunca fui como los demás; es decir, como la mayoría de los demás.

Un interés especial ha tenido siempre para mí lo que con ella se relaciona. Curiosidad aguda, sobreexcitada, mucho más ardiente en mí de lo que fue nunca (aun en los días perturbados, ácidos como el agraz, de la adolescencia), la de otro trascendental misterio. Este misterio, en efecto, no tiene dignidad; se enlaza estrechamente con lo animal de nuestro ser, mientras que todo lo referente a ella adquiere un admirable, artístico relieve (excepto, sobra decirlo, las horrendas y antipáticas carrozas, estufas y otros detalles del ceremonial moderno, que me crispan).

Todo esto es cierto, y cuanto más lo examino, fríamente, tranquilamente, a la luz de mi juicio, el único faro que poseo para iluminar la caverna de mi espíritu, más me persuado de que mi mentalidad no se puede calificar de anormal, dentro de la significación y alcance que da la ciencia a tales palabras. ¡La ciencia! No soy su idólatra. De lo íntimo, la ciencia nada conoce; nada científico se conoce a sí propio... es decir, si es sincero, trata de conocerse, como yo y tú, semejante mío. En el cerrado santuario de cada alma, la ciencia no puede penetrar. Allí donde los hechos pierden su escueta significación; allí donde las palabras no son capaces de expresar nada; allí donde todo se guarda y cela como incomunicable tesoro, allí, ¿qué papel representa el propio don Santiago Cajal, señor de todo mi respeto, con sus neuronas?

Oh Camila, Camila inocente (a pesar de tu truchimanería, mundología, recámara, longitud y mano izquierda). ¿No eres más loca tú, hija mía, y no son más locos los que, como tú, se afanan tanto, se sacrifican tanto, en preparación de una vejez que acaso no llegue para ellos nunca?

Después de mi examen de conciencia, no solo me absuelvo, sino que me canonizo. El que ve la realidad soy yo. Sigo abundando en mi sentido..., sigo orientado hacia después.

Comprendo, eso sí, que necesito tierra que pisar, ya que estoy en la tierra. O es precioso irnos, o poseer aquí algo que justifique nuestra presencia. Un niño: un niño en quien la vida se afirma animosa y triunfante. La predicción de su madre no me alarma: ya haré yo que Rafael viva. No educaré a mi niño, ni como ella en su remordimiento ha deseado, ni como me educaron a mí. Pienso bonificar su cuerpo mejor que las rentas que he de dejarle, y preocuparme más de la composición de su sangre que de sus cuellos a la marinera. ¡Sentiría que se me pareciese... mediante un capricho arbitrario de esos que la naturaleza se permite!... Prefiero que tenga una psicología apacible, una fisiología pujante; que conserve su pureza largo tiempo; que sea atlético y cristiano; que no refine las sensaciones y no se avergüence de los sentimientos; que se case a los veinticinco con una buena moza de caderas anchas, y críe a sus numerosos hijos en el temor de Dios y la convicción de que la vida es excelente, que nacer es un don, y que hay fuera de nosotros y por encima de nosotros una ley que hemos de acatar y un criterio definido que se nos impone...

¿Y yo? ¿Por qué no procedo yo así?

Pch... Porque soy de otra raza, no sé si diga exquisita o gastada y vieja. Porque empecé temprano a socavarme el alma y a practicar el rito que produce la infinita desolación. Porque soy un envenenado; llevo en las venas la amargura del absintio y el ensueño que vierten los cálices de amapola; porque acaso un abuelo mío fue suicida y una abuela se murió de mal de amores... He de tratar de ahondar en mi genealogía... Si supiésemos la historia exacta de nuestros ascendientes, nos conoceríamos mejor. Así, mi hijo, no conviene que sea de mis lomos: le he buscado hecho ya. Que no me herede la mentalidad... Y de súbito, recuerdo de quién procede el niño, la inmensidad de pecado que hay detrás de su inocencia... y me asusto...

¡Ánimo! Yo borraré todo eso. Lo que se ignora, no actúa sobre el alma. El niño no sabrá jamás nada de su origen; haré lo imposible por convencerle de que es hijo mío verdadero. He consultado a un abogado hábil para arreglar todo, eludiendo las tranquillas, nudos y redes de la ley; este jurisconsulto irá a Sanlúcar, a conferenciar con la abuela de Rita Quiñones, y a orillar, mediante ruegos, y si es preciso, ofrecimientos y dádivas, por todos los medios, cuantos obstáculos puedan presentarse a mi deseo de ser dueño absoluto de Rafaelín. Corto así el hilo que une su destino y su porvenir a la familia maldita, y le aíslo para que nunca sospeche... para que no llegue jamás el día de la fatalidad, el día de la revelación.

ce jour détestable
dont la seule frayeur me rendait misérable...

como dice la reina Yocasta en la magnífica tragedia Les frères ennemis, que releo, cultivando el goce, para mí delicado, del terror antiguo.

IX

Me ha servido de distracción el arreglo de mi nueva morada, un hotelito riente, con regular trozo de jardín, en calle solitaria y nueva. Lo he adquirido, lo he destripado, lo he dispuesto a mi manera, agregándole un ala, y acabo de instalarme en él.

A planta baja, un salón, la biblioteca, el comedor, una antesala: en el principal, mi dormitorio, mi cuarto de baño, mis servidores; en el segundo, las habitaciones de Rafaelín y de la inglesa que le cuida; las dependencias, office, en el ala agregada; y la cochera, en un pabellón al extremo del jardín, con entrada independiente. Es curioso que los hombres más distintos por dentro de la mayoría de la humanidad, sean tan previstos y tan gregarios en la mayor parte de sus exteriorizaciones. Apenas terminado mi nido, caigo en la cuenta de que, como los pájaros, me he sujetado a la regla general, al hábito, y que si Camila, con todo su normalismo, fuese la directora de mi instalación, no la haría de otro modo.

El hábito tiene una fuerza singular. ¡Me ha costado trabajo separarme de Camila! Todas las incompatibilidades de carácter que con ella me reconozco, todas las impertinencias de su cominería fiscalizadora, no impidieron que sintiese un penoso hormigueo llegado el momento crítico de la escisión. Ella, por su parte, demostró que la pesaba gravemente quedarse sola, y, con la expresión del que dice «ahí viene la primavera médica, habré de purgarme», murmuró: «Será preciso casarse otra vez. No está bien una mujer, sin arrimo, entregada a sí misma...»

Trini, que vino a almorzar más a menudo los últimos días de mi estancia en la casa fraternal, anduvo unos días con los ojos encarnados y las mejillas tocadas de palidez, allí donde suelen abrirse las rosas. Por señas, que no estaba ni pizca de guapa así. El llanto puede hermosear a las mujeres de líneas correctas y nobles; a las carirredondas las echa a pique. Parecen la Luna en caricatura.

El golpe, para Camila, es tremendo. ¡No sabe como explicar a sus relaciones lo sucedido! «Diles la verdad», indico yo, siempre irónico. «Les diré que has tenido un arrechucho a la cabeza», contesta ella, siempre hostil. «¡Qué quieren ustedes!», suspirará mi hermana en casa de las gutibambas de Roa, de las presumidas de Granizales, de las cenaaoscuras de Moneada, de las viejas carcomidas de Urizalén. «¡Cosas que, cuanto más se piensan, menos se entienden!» Y las amigas cuchichearan: «¡Vaya por Dios! ¡Ya, ya es fastidio! ¡A nadie le faltan contrariedades!... «Y la mayor de Urizalén se volverá hacia la menor, exclamando: «No sé, Lola, lo que habrá debajo de todo eso... A la fuerza el chico es suyo...» «A la fuerza, Antoñita», repetirá Lola, que siempre opina como su hermana. Y Camila, plegando la frente, sacudiendo la cabeza, pasará la mano enguantada por el manguito de chinchilla, mientras le acercan una mesa volante para que tome el té con comodidad...

De suerte que tampoco las vejezuelas admiten que mi conducta tenga más móvil que la paternidad física. Imposible hacerlas comprender que se pueda ser padre de otro modo. De suerte que los santos de entraña paternal, los que engendraron con el espíritu, los Javier, los Vicentes de Paúl, la salada y celeste Jorbalán, pura, honestísima, que llamaba «mis chicas» a las prostitutas recogidas en el arroyo, habían, sin duda, «tenido que ver...» ¡Miseria, brutalidad humana! Y el cristianismo es letra muerta, texto arrinconado, para las señoras como mi hermana, para la inmensa mayoría de las gentes.

Si el cristianismo no fuese letra muerta... En fin, dejémoslo, que yo tampoco estoy bañado en esa miel, en esa leche de bondad, en ese olvido de sí propio, acaso el único preservativo contra la fascinación de los dos abismos negros que desde el fondo del río me magnetizaban... La fuerza de vivir, ¿no eres tú quien la lleva y la reparte con tus manos horadadas, mártir Nazareno? Por no pedírtela, yo la busco, egoístamente —en esta criatura...

No sé si he dicho cómo es. Debo confesar que una de las razones escondidas de mi preferencia por la paternidad espiritual es que me creo incapaz de amar a un niño feo, aunque haya salido de mi sangre. Un rapaz con cara picuda o chafados morros, una especie de monuelo o tití, de patas zambas y brazos sin proporción; un giboso, un bizco... no, no me parecerían hijos nunca. No habiéndolos deseado así, serían fruto solo de prosaica aproximación: el ideal nunca echaría flores en mí para ellos.

Rafaelín es moreno. Su testa, de amorcillo pagano, empieza a coronarse de sortijas que un lírico griego compararía a oscuros racimos de vid. La luz de su mirar alumbra y calienta a la vez las facciones, y las dos mitades de guinda de los labios se apartan dejando ver los dientes lechales, completos, diminutos y húmedos de fresca saliva. Sus manizuelas hoyosas tienen el candor amante, el gesto de bendición tierna de las manos del Niño Jesús, que acaricia a San Antonio de Padua. La conformación de Rafaelín es perfecta; su cuerpo, un modelo para escultores de infancias divinas. Cada uno de sus gestos rebosa gracia, y la travesura lozana de los chiquillos sanos. Adora la limpieza y reclama el baño él mismo —caso raro, afirma, la inglesa, en babies de los países meridionales—. Ha preguntado varias veces por su madre, y un día lloró sin consuelo por ella, porque no venía, y pidió, en su lengua de trapo, que le llevasen adonde está ella, sin sospechar lo trágico de la petición. Pronto, sin embargo, se disipa la preocupación; el menor incidente, un juguete, lleva su pensamiento fluido, sin consistencia, hacia otra parte. Una observación curiosa es la precoz afición de Rafaelín a la música. Su vivacidad se aquieta horas enteras si oye tañer o cantar. Esto lo he averiguado porque el ayo de mi hijo tiene algo de artista: toca el violín, el piano —sin pretensiones de virtuosismo, pero con sentimiento.

Contra estas aficiones musicales tan tempranas de Rafael ya estaré yo vigilante, en guardia, para prevenir la ridiculez funesta del niño fenomenal. Le quiero niño natural, llevado de la mano de dos ángeles protectores: el ángel de la higiene y el ángel del juego. Anhelaría embutir sus nervios en sus músculos, como se envaina un arma peligrosa y de envenenado filo en un forro de grueso cuero resistente. A veces sueño para la criatura un atletismo que, mediante la ley de adaptación, le reduzca el cerebro y le convierta en uno de esos dioses bellamente estúpidos, de cabeza menuda y pectorales y bíceps soberbiamente desarrollados, que nos legó un periodo del arte helénico.

De estos planes hablo detenidamente con el futuro ayo, muchacho muy intelectual, que propende a la idolatría cerebralista y al orgullo de la razón. A bien que tengo tiempo de estudiar las manos en que va a caer mi chico, pues, por ahora, no quiero que aprenda ni el abecedario.

Su dueña, actualmente, es la inglesa, miss Annie Dogson, de lo castizo británico, más institutriz que nurse, que se limita a presenciar y dirigir el aseo y tocado de Rafael, hecho como antes por Marichu. Es decir, como antes no: la inglesa ha cambiado todos los métodos y sistemas de la vascongada, que lo soporta agriada e impaciente. El cuarto donde se practican las operaciones de aseo es un primor: miss Annie lo ha amueblado a su gusto, con cretonas Liberty, lacas blancas, estantes de vidrio y lavabo y baño de la misma materia; sabias tuberías reparten agua a capricho de temperatura, y armarios de formas ingeniosas encierran una ropa blanca admirable, venida de Londres, que alegra la vista. Voy algunas veces a gozarme en ver restregar y purificar a mi hijo. Escena encantadora que halaga mis instintos de ultrarrefinado, nunca enteramente satisfecho del semi-confort, estilo clase media, para mi hermana bastante. Miss Annie, con delantal níveo, manda la maniobra. El niño sale del agua como el capullo sale de la lluvia fina que lo refresca. Su cuerpo es un santuario. Ha crecido visiblemente; ha aumentado de peso; en la calle la gente se vuelve para alabar su gentileza; cuando le llevo en coche a la Castellana o a la Casa de Campo, leo en las miradas una efusión de simpatía hacia el bello muñeco, vestido originalmente, con tufo de extranjería o de highlife, por el sastre de niños que trajea a los príncipes de la familia real inglesa. Camila, que no ha puesto los pies en mi hotel desde mi instalación, pasa en su berlina, se cruza con nosotros y, sin poderlo remediar, detiene la mirada en la hechicera figurilla. El niño tiene chic... Para el amor propio de mi hermana, que el niño tenga chic es género de consuelo.

El ayo en cierne, y por ahora inútil, se llama Desiderio Solís. Es posible que al traerme a casa a este mozo obedeciese yo, sin saberlo, a un sentimiento que no quisiera cultivar ni que nadie me atribuyese: un impulso de beneficencia, de compasión, el saborete de hacer feliz a alguien. Todavía me desagrada más tal género de deporte cuando lleva ribetes de interés y de conveniencia. Al favorecer a Solís, si por ahí me daba, no debí señalarle obligación alguna. Cierto que viene a ser como si no se la hubiese señalado, puesto que es honorario su cargo, y hasta dentro de tres años, lo menos, no darán principio sus tareas. Sin embargo, como le he dicho que es preciso que se prepare debidamente, que se empape en pedagogía moderna y que antes de tener alumno tengamos profesor, el hombre está sujeto por una cadena dorada; su tiempo me pertenece, no es libre...

El tal Desiderio Solís —yo al pronto creí que este nombre fuese un pseudónimo literario— pasaba, cuando le conocí, una crujía negra de miseria y de arbitrios acción equívocos para combatirla. No realizaba ninguna acción penada por el Código, pero estaba en ese resbaladero en que la necesidad apremiante puede inducir al robo si no hay altivez, y al suicidio si la hay. Como muchos proletarios intelectuales, Solís, cargado de conocimientos, se había encontrado en el arroyo, sin medio de dar empleo a sus aptitudes, sin saber a qué aplicar las sabidurías o los lugares comunes de información almacenados en su cabeza. De los tales proletarios, la mayor parte posee cultura de remiendos, con agujeros y carreras de puntos de media usada: Solís, sujeto a disciplina en el estudio por un tío que era catedrático y que tuvo al sobrino a su lado siempre, mientras vivió, había aprendido con método y orden, combinando dos clases de estudios que rara vez se juntan: el de los clásicos y la Historia, impuesto por su tío, y el de los autores novísimos y las recientes tendencias, a que le llevaba su afición. Su cabeza, de forma algo prolongada, es un almacén, y, cosa más insólita, al lado de tanta noticia, fecha y hecho, sobre el matorral espeso del memorión atestado, salta un chisporroteo de ideas, muchas no previstas y algunas realmente originales. Justamente el rencor, la protesta de Desiderio Solís contra la suerte, en eso se fundaban: en que mientras él se roía los codos, veía solicitados y pagados escritores que no poseían otro mérito sino aquella elocuencia vacía que aparenta decir algo y no dice nada; que recocían y recocían el mismo duro garbanzo, y después lo freían y lo sofreían con picadillo de cebolla de repetición, aderezándolo luego y escondiéndolo en soplado vol-au-vent a fin de que no se adivine lo casero y burgués del manjar. Y de este rencor temo que no le ha curado ni medio aliviado el fortunón —para él tiene que serlo— de entrar en mi casa. A pesar de haber encontrado en ella alojamiento confortable de todo punto, y no despreciable sueldo, Solís continúa acedo, quejoso de su destino. Tal vez, en el puesto que le ha caído de las nubes, ve la humillación de una especie de domesticidad.

Por este descontento exigente, que no lleva trazas de desaparecer, me agrada más el ayo. Confieso que le hubiese mirado con algún desprecio si, propicio al yugo y satisfecho con el pesebre colmado, se hubiese reclinado muellemente en la litera de fresca paja. Solís aparenta todo lo contrario: en frases sueltas deja entrever la añoranza de sus hambres y libertades bohemias, y hasta lo dice en artículos que le admite algún periódico trasconejado, y que yo he sorprendido. El ansia de independencia es en él una especie de obsesión.

Si yo fuese como el vulgo, el análisis que empiezo a hacer del carácter de Solís me alarmaría, y recelaría dar a Rafaelín un director semejante. La grey suele preferir a los ayos por sus condiciones borreguiles; cada día escasean más los preceptores verdaderamente intelectuales, especie que abundó entre los enciclopedistas del siglo XVIII y que parece haberse perdido. Sea que los hombres de talento tienen hoy más ambición y desdeñan tales funciones, sea que la clase alta y pudiente que paga ayos ha cobrado miedo a la capacidad, ello es que el tipo de gran profesor desaparece, y quedan dómines apaisados que practican la enseñanza por recetas, o pedantes extranjeros, que se dicen personajes en su país, y a escondidas gastan papel de cartas con blasones de nobleza. —De esta peste véame yo libre—. Como elemento extranjero, me basta miss Annie, que realmente entiende a maravilla el riego y cultivo de la planta humana. La tierna plantita confiada a sus cuidados echa rama, se enfresca y lozanea. No me gustan, en cambio, otras condiciones de Annie. Paréceme coqueta al estilo de su tierra, a lo puritano, y con buena dosis de vanidad y aprecio de sí misma; es ultraexigente para sus comodidades, es despótica, intransigente en las horas y reglamento del chiquillo, pero cumple su deber de puericultora con la estricta exactitud que es una de las formas del orgullo británico; y el chico no florecería en manos de Marichu la excelente, como en las de la inglesita de rubio moño y tez de papel satinado.

Así y todo, yo deseaba conservar a Marichu eternamente; pero he aquí que se despide. Brusca y llorosa entra en mi despacho a espetarme que ella no quiere obedecer a Annie, que no va a misa, que es hereje.

—¿Qué te importa, Marichu? Ve tú a la iglesia cuanto te parezca; Annie también va, solo que a una iglesia suya, a su modo.

—Una iglesia pícara, de herejes. Y el señor de Solís, pues, tampoco a misa va.

—No parece sino que tu antigua señora, mi pobre Rita, era alguna monja.

—Monja no era, pues, infelís; pero a misa ya iba, y resos sabía, y murió en grasia, con cura y todo. Al pobre de Rafaelín hereje le volverán si la Virgen lo consiente. Ya irá a ver el señorito que estos así mala gente son; disgustos tendrá, pues... Yo me marcho; acomodo había buscado. A Rafaelín quise darle un beso en los carrillos y la inglesa me aparta así —la vascongada me cogió por el hombro imitando el movimiento seco, rígido, de la miss— y va y dise que a los niños ahora besos no se les deben dar, que se les pegarían males... Males ella podrá pegar, que yo sano tengo todo, y el alma muy saludable. Siempre a los chicos he visto besar yo, pues, en mi tierra, y aquí lo mismo. Besarse hombres y mujeres sí será vergüensa; a los niños, ángeles del sielo, no. Así es que me voy, señorito; y perdone las mil faltas...

—No, Marichu; perdóname tú —respondí cariñosamente—. Ven a verme alguna vez. Toma, criatura, para que te compres un buen reloj, si quieres...

La propina fue pingüe, y en mí quedó un reconcomio, una lamentación de perder tan leal criada, y una espina de duda y sospecha. ¿Acierto en lo relativo a Rafael? ¿Le rodean elementos convenientes para la formación de su espíritu? Y me propongo observar, observar (con el interés vehemente que produce en mí la observación) a las institutrices y a los preceptores.

X

Cuando retraso la hora de levantarme y me dejo estar arropadito en la cama, hay días en que experimento una impresión como de hogar, hogar mío, propio. Es que me traen al niño para que me acaricie...

Solís se encarga de esta ceremonia, incompatible con el pudor de la inglesa. El niño se me presenta ya hecho una lechuga, oliendo al jabón Pears y a los vinagres caros y deliciosos que he mandado venir para su tocadorcito. Trepa por mi cama arriba y me abofetea a sus anchas, hartándome de mimos zalameros. Yo, riendo, procuro despertar en mi corazón el abandono de confianza, la ceguedad amorosa que inspiran los hijos de nuestra carne. El día en que noto a manera de una pared invisible entre la criatura y mi alma; el día en que a pesar mío, murmuro sordamente «esto es una comedia de familia», estoy de murria la mañana entera.

Ha sido siempre uno de mis padecimientos íntimos, de que no es posible quejarse y no veo medio de remediar, este defecto o este exceso en mi funcionamiento cerebral: la repetición de ciertas frases insignificantes, mezquinas, por lo común irónicas contra mí mismo, que se me clavan en el magín y que, como cansados estribillos, repito sin voz, mudamente, con insistencia insufrible. Ignoro por qué se produce el fenómeno, e ignoro como contrarrestarlo. Hay coplejas de sainete; trozos de música murguista; cláusulas tontas de conversaciones ajenas; dichos, por ejemplo, de Camila, de cuya obsesión no acierto a verme libre. En mi involuntaria cerebración entran también los nombres raros, motes y apodos que doy, sin querer, a cosas y personas —y por los cuales las conozco, interiormente, mientras olvido sus nombres verdaderos—. Lo de la comedia de familia lo tengo ahora metido en no sé qué casilla, sin acertar a desalojarlo. Cuando presido la mesa observando los movimientos de Rafael y admirando el minucioso esmero con que Annie le hace comer limpiamente y corrige sus menores defectos de tenue; cuando, servido el café, me arrimo a la lumbre encendida, y el niño, a pasito corto, se me acerca y pone sus labios en mi mano, balbuceando la primer frase británica: Bless my, good father... todo este gracioso aparato de ternura y respeto despierta la voz sorda, la voz muda: «¡Comedia de familia!»

—¿Acaso —discurro— no hay algo de comedia, no hay un histrionismo involuntario en los actos más serios y más sinceros de la vida? ¿No preparamos con arte (y qué es el arte sino perpetua comedia) las protestas de amor, las demostraciones de amistad y hasta las manifestaciones del dolor, que debieran ser tan inconscientes como el grito que el mismo dolor arranca? ¿Dónde está la santa inconsciencia? ¿Dónde el olvido de nosotros mismos?

De estas cosas y de otras converso con Solís. Como deseo conocerle bien, prescindo con él (en cierto límite) de mi reserva. Se ha roto entre nosotros el hielo; hasta discutimos; y, sin embargo, no nos une ningún vínculo, de afecto: nuestra comunicación es del corazón para arriba, en absoluto. En ambos domina el cerebro, acaso influido por los nervios, y en ambos existe, creo haberlo notado, igual desconfianza de todo, igual sentido escéptico y pesimista, para dar a estos males su nombre vulgar y resobado, y que, realmente, nada expresa de lo más hondo de su inquieta zozobra.

Fue muy lenta en establecerse esta comunicación. Encerrado él en su mutismo de asalariado soberbio; habituado yo a esconder como un tesoro el doble fondo de mi pensar, las relaciones se iniciaron en pie de sequedad y glacial cortesía, actitud que, si no se corrige en los primeros ocho días de contacto, corre ya peligro de eternizarse o de convertirse en acerba hostilidad, a poco que los temperamentos sean refractarios. Una reflexión que me hice contribuyó a suavizar mi gesto; discurrí que el deseo de adherirme a la vida mediante la comedia, o lo que sea, de la paternidad, me impone también la ley de acercarme un poco a mis semejantes, de salir de mi propia caverna, como el oso de las épocas primitivas se echaba fuera de su espelunca a caza de frutos y de miel silvestre. ¿Qué me costaba intentar la prueba? ¡Dicen que es tan bueno eso de contar a otros lo que nos pasa!... Además, yo sabré evitar el relato necio de mis cuidados íntimos. Hablaré con astucia, para registrar el pensamiento del preceptor sin abrir el mío...

A toquecitos, sin prisa, a esas horas perdidas en que ningún quehacer apremia, voy penetrando en la mentalidad de Solís —penetrando todo lo que él me consiente, que, a la verdad, es poco—. Se defiende, se emboza, se encastilla en las moradas interiores —como supe encastillarme yo con Camila, con Trini, con los amigos de círculo, cervecería y café—. Comprendo, sin embargo, que esto no lo hace por reserva, sino cohibido por la idea de que la clase de relación entre nosotros veda las expansiones. Entonces le insinúo que, justamente, si he buscado para Rafaelín, que, por ahora, no puede empezar a educarse, un profesor intelectual, es para tener alguien con quien hablar de mis lecturas y entretener las horas de las tardes de invierno en que llueve y, captado por la chimenea, no hay ganas de echarse a la calle.

Solís lee mucho; es un tragalibros desenfrenado. Se habla de los beneficios de la cultura, y no sé (es una de mis graves incertidumbres) si no debiera pensarse en los efectos de las intoxicaciones librescas. Es imposible que esta sobresaturación cerebral no gaste las fuerzas de resistencia del hombre contra el Misterio. La percepción confusa del Misterio, al hacerse aguda, causa vértigo insano. «Quien ciencia añade, dolor añade» —dijo el soberano poeta hebreo—, y una comprobación de esta creencia mía la hallo en el estado de alma del otro torturado (que debiera sentirse dichoso, puesto que ha resuelto, gracias a mí, el problema de la vida material). Una vez más logro cerciorarme de que la solución de la vida material carece de importancia; que el dolor está más adentro.

—¿No se le ocurre a usted —pregunto a Solís— que los autores de muchos libros que leemos nos quieren mal, y deliberadamente nos causan disgustos?

—No, señor —contesta Solís—. Lo que creo es que son unos inocentes, unos niños de teta. De lo grave, de lo terrible de nuestro sentir, no dan idea los libros, como no la dan los novelistas ni los autores dramáticos de las verdaderas novelas y de los verdaderos dramas que se tejen en la vida. ¡Si yo encontrase un libro tan amargo como un alma, proclamaría a su autor el genio más sublime! Solo el Eclesiastés...

Convinimos en que solo el Eclesiastés, y acaso Job, se acercan un poco a lo que «anda por dentro». Es raro que en épocas que nos parecen primitivas se escribiese ya «Mi alma aborreció mi vida»; la frase más exacta y profunda que cabe escribir... Indudablemente no hemos inventado cosa alguna en esta materia, y si absorbemos con avidez el libro nuevo es por esa curiosidad irritada del estético que visita una Exposición moderna, seguro de que no encontrará allí ni la Primavera de Botticelli, ni la Ronda de Rembrandt. La historia nos refiere dramas sin cuento, pero son dramas por fuera; el drama de la conciencia es siempre el mismo.

—Con todo —le objeto—, hoy, no cabe duda, la gente se suicida más que en otras épocas.

Solís se rasca el mentón lampiño y columpia el pie derecho: tiene este tic cuando cavila, y dos o tres veces he visto a la inglesa, que pesca las incorrecciones, fruncir el rubio ceño al notar este vicio del profesor. Después dice, como resbalando:

—Bah... Hay muchas maneras de suicidarse. Hay varios géneros de vida que suprimir. La vida se suprime en el ascetismo, en el cenobio, en los campos de batalla. Tanto como se ha guerreado y tanto como se ha llorado de penitencia, se reduce a eso: suprimir la vida y dar culto a la muerte.

—Sí; los antiguos la miraban como a una bienhechora.

—Y a mí se me figura que acertaban. La malhechora es la vida. Vivimos entre incertidumbres, errores, enfermedades, necesidades, pasiones, engaños. Todo miente, quizás, menos ella. ¿Cuánto más cruel es, por ejemplo, el amor?

—¡También éste la llama ella! —discurrí yo sorprendido—. Por una contradicción de que pocos hombres se eximen, el encontrar en Desiderio Solís mis propios sentimientos me molestó. En primer lugar, yo tenía mi orgullo de pensador solitario, superior a la muchedumbre, y me amenguaba a mis propios ojos el formar parte de una grey, aunque no fuese de la grey común, sino de otra más reducida y selecta. En segundo lugar, estos pensamientos, que en mí no me parecían peligrosos, en el futuro preceptor de mi hijo me alarmaban terriblemente. Claro es que nadie enseña ciertas doctrinas a un chiquillo, y yo no ignoro que determinadas ideas son poco comunicables; o brotan de suyo, o no nacen aunque las siembren a boleo. No obstante, las almas trasudan y rezuman, en cualquier ocasión, su hiel o su miel... ¿Convendrá para Rafaelín un alma de miel y cera, un alma continente, casta, dulce, impregnada de aromas? ¿Un alma de abeja ebria, que cree en el dulzor porque lo lleva consigo?

Más ahincadamente que antes fijé mi lupa en el joven ayo. Empecé por desmenuzar su tipo físico. Debe de proceder de familia hidalga (el apellido lo indica) porque tiene las manos delicadas, largas de dedos, como las de ciertos retratos del Greco, y los pies estrechos y bien curvos. Su busto es mezquino, sus piernas carecen de gallardía, sus muslos no se acusan, su cuello es flaco, pobre. La cabeza, oblonga, arde en vida psíquica; la mirada, demasiado fija, es difícil de sostener; la nariz es irregular, algo torcida, y la mandíbula saliente. El pelo se insubordina; algunos mechones crecen en sentido contrario. Ha debido de sufrir privaciones en la edad del desarrollo, y su figura es, como la de tantos españoles estudiosos y que ni se bañaron ni comieron ni jugaron, una figura frustrada. El bigotillo da a la cara cierto aire provocativo, juvenil. La frente huye hacia el occipital —señal de desequilibrio—. Viste desgarbadamente, y no es pulcro con exceso; malos hábitos de bohemia subsisten en él; miss Annie suele hacerle observaciones agripunzantes cuando le ve tirar al suelo la colilla del cigarro, o apagarla en el platillo de su taza de café, o escarbarse con el palillo las encías, o usar el cuchillo indebidamente, o echar migas en el mantel. «¡Oh! ¡Aoh! ¡Míster Solís!», murmura ella; y él, enfurruñado, impresionado, se corrige: «Miss Annie, no eduque usted solamente a Rafaelito... Yo soy otro niño a quien tendrá usted que enseñar...» Abundo en el sentido de la inglesa, porque soy pulcro, y con la edad madura, mi pulcritud va degenerando en quisquillosa manía. He puesto a disposición de Desiderio Solís, dos horas al día, a mi propio ayuda de cámara, Tadeo, ducho ya. «Tírale la ropa vieja, preséntale otra nueva... Que se bañe... que se calce bien; ya sabes que no puedo aguantar la vista de una bota torcida o juanetuda...»

Lo extraño es que este mozo, que a veces huele a tabaco frío (tengo sagacísimo, ¡oh desventura!, el sentido del olfato), no demuestra que le impresione como superioridad mi exquisitez. Se me figura que es él quien se cree superior a mí; que en el cálculo del valor de hombre a hombre, rebaja mi primor y exalta su diogenismo. Acaso entiende que dentro de mí hay vallas, hay reparos, hay recatos, hay respetos, lo que a él le falta; acaso me juzga piadoso, compasivo, altruista, y él se reconoce desentrañado, fuerte, más bárbaro y más alto por dentro que yo. Ve que amparo a un niño huérfano; ve que le hago bien a él, a Desiderio Solís, sin exigir utilidad en compensación del beneficio... y me toma por un buen señor, explotado, y por consecuencia vencido, esclavo, sumiso moralmente. ¡Qué satisfacción experimento al conocer que no es así! Estoy desnudo de compasión, desnudo de bondad, soy exaltado en mí mismo, despreciador de los otros... Si he recogido al niño ha sido por instinto egoísta y de conservación; por no dejarme llevar del atractivo que ejerce sobre mí la Guadañadora. ¿Yo un rasgo sentimental? ¿Yo una debilidad? ¡Si llegamos a chocar, ya verás, pobre muchacho, cómo me reviste una coraza, pero interior; las corazas que van por fuera y se ven, esas enseñan las juntas!

Solo pensar que se puede tener de mí tal concepto, a pesar de mi desdén hacia la opinión de los demás, me subleva, me alza borbotones de ira. Como que yo he puesto mi orgullo en la corrección de mi sensibilidad, la cual no ha de parecerse en nada a la de la multitud. Ni quiero ser eso que llaman bueno, ni menos apiadarme de nadie, porque la piedad es un descenso; el hombre superior es insensible; está revestido de bronce. Todo cuanto hago, incluso lo que ofrece aspecto de buena obra, hágolo por propia conveniencia... Así es que me dedico a desarrollar ante Desiderio mis teorías, demostrándole hasta dónde llego. Me complazco en sostener que la vida, para mí, solo tiene el escaso valor, valor relativo, que tuvo para las ilustres minorías de todas las épocas, desde los epicúreos griegos y romanos hasta los actuales, más delicados y artistas, quizás, en sus exigencias de goce. Deseo que sepa que mi enfermedad es privilegiada y mi mal es el mal de los poderosos. Ansío convencer, a este único testigo consciente de mi vida privada (miss Annie no se cuenta, es una utilitaria, una práctica como Camila, pero al estilo peculiar de su raza sajona), de que guardo depositado y concentrado el ajenjo que destilaron los siglos en el espíritu del hombre; de que he calado la existencia; de que conozco la miseria absoluta de nuestro destino, y que, para mí, vale más el no ser que el ser.

—Una noche en que dormimos completamente, sin pesadillas ni sueños, es lo que mejor recuerdo nos deja —le digo a Solís, al colocar otra vez en mi tántalo (regalo de antaño de Camila, para que los criados no puedan gulusmear los licores caros, las esencias líquidas que yo uso) la botellita del kummel—. Saque usted la consecuencia...

—Ya está hecho —responde él, saboreando su copa con fruición evidente—. El sueño completo, sin despertar, sería lo mejor de todo. Y en el despertar no creo... Nuestra vida se va entre una espiral de humo —añadió, encendiendo desdeñoso el legítimo habano que yo acababa de ofrecerle.

—No le diré que acaso hay fuego en la sima —discurrí cobardemente—. Me tendría por timorato. —Sin embargo, buscando una forma que revele superioridad—: ¿No cree usted en el despertar? —interpelo en alta voz—. Le felicito. El no creer es ya género de fe en algo. ¡Cree usted que no cree!...;

una creencia como otra cualquiera. Yo, a la verdad, de eso... ni sé, ni creo, ni descreo palabra... Creer o descreer es ofender al Misterio, única realidad en todo lo que nos rodea. Envidio a usted la firmeza de su convicción.

Solís, algo picado, paseé el mirar por las brasas de la leña, brasas ya casi innecesarias, porque abril se anuncia suave y benigno.

—Convicción no es —murmuró—. Es apatía, o indiferencia, o como quiera usted llamarle. Es que acaso damos por supuesto que la vida encierra un enigma, y no encierra nada: está hueca. El fenómeno, la sustancia... vacío todo, como dijo Saquiamuni.

—Apostaría yo —indico, recostándome en el sillón y encendiendo también en la lamparita de plata martillada el cigarro aromoso, seco, fino— que, como es usted joven, hay algo que no le parece tan vacío. ¿Ilusiones de amor, eh?

—¡Ojalá nunca! —responde, estremeciéndose ligeramente.

—¿Por qué, amigo mío? —pregunto indiscreto.

—¡Ah! Por nada —responde él, evasivo, encogiéndose de hombros.

XI

Los primeros calores empalidecen las florecientes mejillas de Rafael, y su dulzura de Niño Jesús de San Antonio se transforma en abatimiento. Consulto, y me ordenan llevarle a un sitio fresco: si es posible, al borde del mar. Y tan posible como es. Me le llevo a la casa de Portodor, donde he pasado días de mi edad temprana. Hace muchos años que no la he pisado; he solido, en verano, viajar por Suiza y Alemania; pero Camila, consecuente en sus hábitos de sabia previsión y buen gobierno, no quiso dejar en el abandono esa finca, y al residir allí cortas temporadas, de seguro cuidaría y arreglaría la antigua residencia. Sin embargo, para cerciorarme —como me sería muy desagradable encontrar camas duras, vajillas desportilladas y muebles ratonados—, me resuelvo a visitar a mi hermana, pegando un martillazo a la costra de hielo de nuestra casi ruptura.

Camila me recibe afabilísima. La mujer práctica ha echado sus cuentas y comprendido que es inútil y bobo reñir con nadie, a menos que reporte provecho. Su amabilidad, sin embargo, se asemeja a la que demostramos a los locos o semilocos, a quienes, en opinión de la gente, no se debe «llevar la contraria»; con quienes no se discute. Me invita a almorzar, y acepto, telefoneando a mi hotel para que no me aguarden Desiderio y Annie. Expongo mis propósitos, formulo mi interrogatorio. ¿Hay en Portodor siquiera lo necesario? Porque con añadir lo superfluo...

—Lo necesario para ti es mucho, Gaspar —responde melifluamente Camila—. Para mí, y para la mayoría de los mortales, aquello se halla habitable, y hasta cómodo. He renovado infinitos trastos: he puesto el salón de cretonas alegres, francesas, y lo mismo el gabinete. Mira, es más sencillo: tengo el inventario; te lo doy, y tú señalas en él lo que falte. ¿No te acuerdas de que hace cuatro años se gastaron allí algunos miles de pesetas, que tú pagaste, claro, porque la casa es tuya? No creas que vas a meterte en un palomar. Donde yo paso, pongo orden.

Apareció el inventario, un cuaderno de pliegos de papel de barba, de letra redonda, española. Estaba firmado por el mayordomo de Portodor —todo en regla—. Lo guardé en el bolsillo, y descascarando una mandarina, invité:

—Sabes, Camila... Me alegraría de que te animases a la temporada en Portodor... ¿Por qué no, dime?

Ella con los gajos de otra mandarina entre los dedos, sonrió y me echó una ojeada de soslayo.

—Hijo mío... eso no me lo pidas. Sería difícil complacerte.

—Pero ¿por qué?

—¿No te enfadas?

—No. Palabra de honor. No me enfado; di lo que gustes. Hace meses que no me diriges ninguna observación, y ya me saben tus reparos a fruta nueva.

—¡Gracioso! Pues... porque no me gusta autorizar ciertas cosas; basta y sobra con lo que se dice, sin que yo...

—¿Se dice? ¿De mí?

—De ti y de la inglesa.

—¡Bah!

—Y no es eso solo... ¡Hay quien muerde a propósito de la inglesa y de ese preceptor que tomaste, supongo que para la inglesa, puesto que el chiquitín, por ahora...!

—¡Pch...!

—Bueno; allá tú; yo no digo ¡pch!; yo estimo mi reputación y mi formalidad, Gaspar querido. Si fueses viudo, y si el chico fuese tuyo de verdad, la gente no comentaría el personal de servicio que eligieses. Como les extraño tanto lo del chico —y no era para menos— tienen fija en ti la vista; me sacarían a tiras el pellejo si viviésemos juntos una temporada. Por otra parte, criatura, la miss es conocida; ha servido en casa de los Altacruz, y coqueteaba con Alfonsito, el hijo mayor, y sus amigos; parece que pica alto y que se ha propuesto casarse con un español de fuste. Todas estas carabinas se proponen otro tanto...

—¡Sss! —desdeñé—. Lo que es conmigo... Por otra parte, estoy encantado de su servicio, Camila. Es un cronómetro inteligente. La he subido el salario.

—Pues amén... Yo no tendría un aya así, bonita y que se las trae... En fin, iré a Portodor cuando regreses a Madrid con tu tropa; ¿supongo que pasarás allí julio y agosto?

—Me lo figuro... Según le siente a Rafael.

—Mira —articuló Camila sirviéndome café galantemente—, lo que puedo hacer es ir a verte un día desde el balneario de San Roque. Yo no necesito las aguas, pero Trini desea que la acompañe. ¡Pobre Trini! Padece neurastenia, desórdenes..., algo que a veces proviene de estados de ánimo especiales. Como hay escasamente dos leguas de San Roque a Portodor, si se anima Trini, iremos a pedirte de merendar.

—Iréis a almorzar; no faltaba más. Es una jornada.

—Veremos, veremos... Ha de ser una excursión sin ruido, de las que en verano pueden hacerse, porque nadie se fija... Ya te escribiré desde allá, si vamos, que todavía no está Trini resuelta; dudosa anda entre esas aguas y otras de Baviera, muy elegantes y muy confortables... Oye —añade Camila—, quiero que sepas que me he traído de Portodor unas sillas antiguas, imperio, preciosas; me dieron lástima allí; son las del gabinete. ¿Deseas llevártelas? Te llevarías lo tuyo...

—¡Qué disparate!... Son tuyas antes y ahora.

Con esta cordialidad nos despedimos. Salí despreciándola como nunca, en una crisis de sarcasmo reprimido que, al verme en la calle, se reveló por una carcajada que hizo volverse a un aprendiz de zapatero, portador de un par de botas flamantes de caña mastic. Para Camila, bienes y males están en las bocas y opiniones de los demás. ¡Y qué recurso tan pobre el de la supuesta enfermedad de Trini! Será algún infarto al hígado, de tanto apretarse el corsé... Cátate que me la quieren pintar desmayada de amor y ternura.

Empiezo mis preparativos; doy mis órdenes. En los días que preceden a mi marcha me dedico a recorrer, por despedida, algunos de los sitios habituales: Ateneo, café, cervecería, teatros, corros de trastienda de anticuarios y libreros de viejo. No soy misántropo; soy diferente, lo cual no me quita la sociabilidad. Hasta concurro, una vez al mes, a ciertas tertulias de las que mi hermana frecuenta, y escucho las conversaciones, estudiando mucho al hacerlo, deleitándome en el curioso contraste de la charla oficial y la historia auténtica que se conoce... Debió de ser en un teatro, en los pasillos, donde me hablaron de Desiderio. Hurones, periodista de esos que podrían biografiar cruelmente a Madrid entero, que solo hablan para murmurar, y en desquite solo escriben alabanzas, me interpeló:

—¿Y qué tal Solís? ¿Está ahora mejor de la cabeza? Cuando usted se lo lleva, señal de que el pobre chico habrá sanado.

—No lo crea usted —respondí con perfecto aplomo—. Enfermísimo continúa.

75

—¡Vaya por Dios! Pues yo supuse que era la... la escasez... lo que le tenía... así. Le conocemos mucho en la redacción; traía artículos y rara vez se le aceptaban, ni gratis, porque, ya ve usted, los nombres nuevos... El público exige firmas acreditadas... Los artículos que se le tomaron (aquí Hurones bajó la voz) fue porque se me figura que el director le cogió un poco de asco a Solís, que es muy violento.

—Ya, ya lo he advertido —respondí, consecuente en mi sistema de darme por informado para que Hurones no se replegase—. Es un carácter impulsivo de esos que pueden conducir a ¡qué sé yo!: hasta a monomanía homicida...

—¡Ajá! Eso, monomanía homicida... No me acordaba del nombre técnico. ¡Si dicen que varias veces quiso matar a... no sé cuántas personas! Y un día nos trajo un artículo ponderando el goce que al matar se siente... De modo que, para saberlo de cierto, a alguien habrá escabechado... El director, naturalmente, devolvió el tal artículo; se nos hubiesen dado de baja infinitos suscriptores.

—Pues, además de la manía homicida, tiene otra muy mala: la suicida —afirmé intrépido.

—¡Ah! Eso nos consta a los del periódico... Quiso arrojarse por el viaducto y se lo impidió el guardia. Él lo negó, pero...

—Pero... es el Evangelio. Y en otra ocasión se envenenó, solo que llegó a tiempo el contraveneno —asentí imperturbable—. Hasta tiene en su cuarto un sable japonés, de los de abrirse la barriga.

Hurones me miré con recelo y escama, olfateando burla.

—Pues ¿cómo le conserva usted en su casa y al lado del niño? ¿No teme usted...?

—Es una experiencia psicológica que hago —declaré fríamente.

—Será una buena obra... Él ha de sanar, con tal que coma y tenga remediadas sus necesidades. Sin embargo, en su pellejo de usted, yo no viviría descuidado. No se sabe...

Es imposible que exista en el universo persona cuya opinión me importe menos que la de Hurones; todavía me creo más predispuesto a seguir una prudente indicación de Camila. No obstante, la noche en que me dijo las anteriores tonterías, cavilé buen rato a solas. Eso de estar o no estar sano de la cabeza... ¿dónde habrá una frase tan holgada y tan ambigua? ¿No dirán de mí lo mismo? Camila lo cree; para ella soy ni más ni menos que un temible perturbado... cuando, en el terreno de la acción, soy un excelente sujeto, que a nadie molesta y que ha recogido un huerfanito y le mima y educa. Nunca comprenderán los pobres diablos sin sustancia gris el cerebralismo, donde nos refugiamos, porque justamente nuestros actos no corresponden, no pueden corresponder con nuestros ensueños. Una noche en que Desiderio —hambriento, con la bolsa vacía, aterido de frío bajo el terno de verano, de odiosa lanilla nacional, que no había podido sustituir por un paletó acariciador y denso— pensó estoicamente en sensaciones supremas, en goces extraños y embriagadores que el dinero no compra, se acordó, sin duda, de que hay perversa y diabólica ventura en extinguir la vida (mayor, quizás, que en crearla); apacentó su espíritu en lo que yo lo he apacentado con tal frecuencia, en lo estético del morir y del matar, raíz de toda belleza, esplendor del heroísmo, justificación de la bajeza del vivir —y, seducido por la magnificencia íntima de su idea, la ha garrapateado en cuartillas (estos debilitados y mal alimentados no saben retener el pensamiento arcano, el secreto que es para nosotros) y ha llevado las cuartillas a una publicación. Naturalmente: susto, alarma, anatema para el protervo... Y, en él, la idea, disuelta ya en el acto —porque escribir es modo de hacer, y los que menos realizan las cosas son los que las han confiado al papel, quedandose libres de la sugestión—. Escritores castos cultivan el erotismo; escritores bondadosos, la truculencia y el crimen. Pasamos por tres estados sucesivos: pensar, decir, ejecutar. Contados hombres simultanean los tres estados. Desiderio ha escrito; luego no hará cosa ninguna. Jugaremos con el pensamiento grave y sublime de la muerte, rondaremos su negra puerta —sin entrar—... Nos hará señas su mano de marfil —marfil óseo; nos llamará la elegante diestra gótica, sin carne— y responderemos que somos platónicos amadores, que la suspiramos desde lejos... ¿Cobardes? No; pacientes. Ella vendrá...

—¿Tadeo?

—Señorito...

—¿Has puesto en el equipaje camisas de vestir en cantidad?

—Van todas.

—¿Te acordaste de la tienda portátil para los baños?

—La ha facturado el mismo dueño del establecimiento en que la compré.

—¿Empaquetaste los licores?

—Un cajón está armado.

—¿Los libros?...

—Cinco cajones.

—¿Has dicho a miss Annie que la ropa blanca del niño irá en maleta especial, dedicada solo a eso?

—Lo sabe, señorito. Descuide.

—¿Surtiste la caja con la plata para el servicio de mesa?

—Hasta del juego ruso para el té me he acordado.

—No dejes de llevar provisión de té de la caravana.

—Y café del mejor va también.

El ayuda de cámara intenta retirarse; pero le detengo con otras inquietudes de bienestar, de capricho.

—Compromete el sleeping... Echa en la caja de los vinos unos botes de confitura inglesa de ruibarbo para miss Annie... Las botas de charquear, el anteojo marino... Pantallas para las bujías en la mesa...

Ya llega a la antesala, en retirada, y le grito:

—Mis armas, mi máquina de fotografía... ¡Oye! Cinco o seis juguetes mecánicos bonitos para ir sorprendiendo a Rafaelín...

XII

¡Portodor!... Cuántos años que no pisaba estas playas de rubia arena, extendidas como veletes de gasa de oro; este bosque antiguo, legendario, donde se alza una piedra en equilibrio, la Pena Moura —céltica, según opinión de los arqueólogos locales—. Un sentimiento de sorpresa se apodera de mí al recordar que he traveseado y me he escondido en los rincones de la casa en que ahora resido otra vez. El sentimiento de mi propio misterio me inquieta. ¿Soy el mismo que era entonces? Siempre esta incertidumbre me ha preocupado: ¿subsiste la personalidad al través del cambio y evolución de todos sus elementos?

Antes, la casa me parecía enorme: ahora veo que no es muy amplia: consta, como la mayor parte de estas construcciones del siglo XVII, viviendas de hidalgos poderosos, que quizá solo las habitaban en la época de la recolección o de la vendimia, de una torre y un cuerpo de edificio. La torre, nada sombría, nada feudal, se corona de inofensivas almenas picudas. La piedra de armas es enfática, aportuguesada, por lo mismo que se labró en tiempos relativamente modernos —reinado de Carlos II.

Si la casa ha disminuido, el paisaje que se domina desde el segundo piso de la torre me sorprende por más grandioso de lo que suponían mis recuerdos. Al amanecer, la extensión de la ría, poblada de barcas de pesca, es un himno de alegría heroica, el animoso canto de la naturaleza eternamente joven. Algo de esta alegría quiere infiltrarse en mi alma. No sé si porque respiro aire mejor, o porque el niño ejerce en mí singular influjo, desde que he llegado a esta aldea riente, saudosa y familiar, un poco de paz, de amor al mundo, entran en mí... ¡Ah! ¡Ya era tiempo!

Me evado del calabozo de mis meditaciones. La dulce, la irresistible corriente de la animalidad me lleva envuelto en su curso benigno. Ando mucho, acompañado de Rafaelín, a quien enseño los predios y los deliciosos arenales; y los pasos, movimientos, antojos y preferencias del chiquitín evocan los míos; me retrotraen, por la magia psíquica del recuerdo, a los años perdidos, borrados casi en lo consciente de mi ser. Me veo nuevamente —en Rafaelín— recogiendo bocinas, lapas, nácaras y conchuelas, esas conchas de la ría cantábrica, que tienen los reflejos de ardiente irisación y la involución clásica de las del Mediterráneo. Me veo a caza de bellotas y piñones en la selva rumorosa, bajo el enorme pino secular, faro de los navegantes y objeto de las iras del rayo, que le ha mancado dos de sus brazos de Briareo. Me veo sentado en el carro colmo de espigas de maíz, eligiendo entre ellas las reinas, las de fruto rojo como granos de granada. Me veo jugando al pie del lavadero, turbio de espuma jabonosa, y, al menor descuido de los que me vigilan, chapuzándome en él. Me veo limosneando a los pintorescos y joviales mendigos cuya salmodia zumbadora, moscona, me despierta el domingo antes del toque de misa. Me veo refugiándome detrás de una peña, en cueros, para evitar que me bañen —y me veo de repente, por esos cambios súbitos, fantásticos, de la niñez—, corriendo hacia el mar rielante y estriado bajo el Sol, y adelantándome con tal ímpetu, que tienen que cogerme para que no pierda pie y me hunda en alguna hoya traidora recubierta de arena fina. Me veo mordido por un cangrejo, llorando a perder; me veo saliendo del agua, con un manojo de algas crasas apretadas en el puño, sin querer soltarlas, rabioso porque me las arrebataban tiránicamente... Tales son los gestos míos que reproduce Rafaelín a la distancia de veinticinco o treinta años; gestos olvidados, gestos pueriles, en los cuales me empapo, por decirlo así, y floto, con lento placer, con la ventura fluida que hacen sentir las cosas nimias y naturales. La niñez de Rafael, sin embargo, se diferencia de la mía, con la diferenciación profunda del carácter. Esta criatura es dócil, amorosa, poco egoísta (dentro del general egoísmo instintivo de la infancia). Sus vivezas terminan en arrebatos generosos. Además..., temo consignarlo, desconfiado como soy de todo afecto..., además... este chiquitín... no hay remedio, no se puede negar... ¡este pequeño... me adora! Sí; hay un ser en el mundo, incapaz de ficción, que vive pendiente de mis menores indicaciones y voluntades; hay un ser que no es un perro, y para quien, sin embargo, yo, Gaspar de Montenegro..., soy Dios.

No lo había notado en Madrid; en Portodor he tenido que darme cuenta de ello; el niño ha penetrado en mi existencia; antes estaba solamente al margen. Con tiempo, soledad, libertad y la especie de optimismo físico que aquí me invade —porque duermo canonicalmente y el gusano de la gastralgia no me ataraza el estómago—, he podido disfrutar a mis anchas del pequeñuelo, arrebatándoselo a miss Annie, y, tarea más fácil, a Solís.

La inglesa ha protestado con indirectas, con acideces, con actitudes de dignidad, con gestos de displicencia. Penetrada de la alteza de su cargo, no la es agradable que nadie usurpe sus funciones: no se trata de cariño a la criatura; no se trata del instinto de la mujer verdaderamente mujer, que, sin afectación, se identifica con los chiquillos: se trata de formalismo, de literalismo: me he encargado de esta tarea, pues a mí me corresponde; es my right, y nadie se meta a ejercerlo.

—Miss Annie —la digo—: hágase usted cargo de que estamos en vacaciones. A mí me divierte llevarme al pequeño por ahí... Supongo que usted no se opondrá.

—Yo debiera ir con ustedes... —responde la rubia, quejosa, envarada.

—Unas veces irá usted, y otras no; según cuadre... Aquí, un poco de libertad... Ruego a usted, miss Annie, que se tome distracciones; a todos nos convienen. Excursione usted; mande enganchar el cesto; hay un borriquillo con jamugas; si quiere usted, se traerá de Madrid una silla de señora; no faltará un jaco; encargaremos una bicicleta... Nada de sujeción. ¡A divertirse!

—Gracias, míster Montenegro...

El tono era seco; la palabra rebotaba en los labios, donde una espumilla iracunda se disolvía quizás...

No conforme, Annie se dedicó, entre otros deportes, al de sorprendernos a Rafael y a mí. No habiéndole yo fijado por qué parte de la campiña debía excursionar, con maravilloso olfato adivinaba la dirección de mis paseos, y se nos aparecía cuando menos lo pensábamos, vestida corto de franela tennis, gorra con insignias de algún club británico, palo de alpinista, y el pie cautivo, sin malicia aparente, en botitos recios y planos. Su figura moderna, atrevida, exótica, componía sobre el fondo de los pinos ancestrales, o al lado del caduco dolmen con barba de musgo. Nos saludaba; dirigía alguna observación al niño: «Baby, estáis sofocado, no os paréis. Vais sucio; permitid que os limpie la cara un poco...»; y ante mi silencio, erizado de retraimiento, se retiraba, no sin haber declarado el aspecto del paisaje a very charming one...

Apariciones análogas hacia Solís. Éstas me molestaban menos. El futuro preceptor ejercía sobre mí el atractivo de su complicada alma, de su psicología laberíntica. ¿Sería cierto que buscaba la emoción suprema, aquella en que el hombre se hombrea con el Creador deshaciendo su obra?

La tez de Solís, que el aire libre y la brisa salitrosa empezaban a tostar; los labios, algo menos descoloridos, pero siempre contraídos por triste gesto; las facciones irregulares, de expresión huraña, no revelaban que estuviese del todo reconciliado con la dura obligación de arrastrar el vivir. Sentía yo a veces impulsos de provocar sus confidencias, y no quería seguirlos porque era demasiado atrayente para mí el enigma de aquel espíritu, y si me enfrasco en él, adiós la sana delicia de mis paseos con el niño, adiós la sedación disfrutada a su lado, preocupándome de sus antojos, respirando con infatuación de ídolo el incienso del culto que me tributa... Lo repito, soy su divinidad. Alma nueva, creyente, y a la cual todavía no se le ha inculcado principio alguno, su necesidad de venerar y de esperar la satisfago yo. Echados al pie del vasto pino musical, donde el hondo soplo marino zoa y brúa —dos onomatopeyas regionales que no tienen equivalente en castellano, tal vez porque en Castilla no se abrazan los pinos y las costas—, el niño, al encontrar mi cabeza al alcance de sus manos de manteca y de su boca de guinda, se apodera de mí, y me cierra los párpados a caricias, repitiendo en monótono sonsonete y en jerga anglo-hispana:

—Father bonito, Father bueno, Father mono, Father rico, Father santo, Father guapo, Father que manda en todos, en todos, en todos...

De mi absoluto poder tiene tal idea, que me dice, la víspera de una excursión que le anuncio:

—¿Y mandarás que no llueva, eh, Father? Que haga buen weather —sonríe y chapurrea, volviéndose hacia miss Annie para desenojarla.

En su anhelo de ser querido por todos, el chiquitín adivina el rencor mudo de la institutriz, y no cesa de aplacarla con zalamerías... Ella no se doblega, no se amansa. Conserva su agravio en vinagre —como suelen estas naturalezas estrictas, esclavas de un contrato, pero cultamente ambiciosas...

XIII

El desquite, el triunfo de miss Annie, es la hora del baño de mar. El niño, entonces, la pertenece por completo, y, al principio, no sé si calculadamente, la inglesa se opuso a que yo presenciase de cerca este rito sacro; porque, desde lejos, no habría modo de impedirlo. Yo me impuse. El playazo donde se baña Rafael es mío; forma parte de la posesión. Lo cercan altos áloes, for-midables —que se crían aquí y echan su pitón de oro, como si estuviésemos —en alguna tierra africana—. Miss Annie entra en el agua con su alumno. En vano Solís, angustiosamente, tercamente, ha reclamado para sí el privilegio de bañar a Baby. ¿Qué le importa? ¿Por qué insiste?... ¿Acaso?... Estemos sobre aviso. Y, para forzar la tensión, excluyámosle de la playa.

En una caseta de lona a rayas rojas y grises se desnudan y preparan Baby y Annie, ayudados de una rapaza humilde, una sierva del terruño. La arena, tersa y compacta, convida a pisarla con pies descalzos, y despide calor vibrante bajo la refracción solar... Conchillas rosadas y pequeñas, como orejas de muchachas bonitas, la esmaltan allí donde la ola dejó un borde de vegetaciones salobres, húmedas aún, de un verdor luminoso. Una beatitud material, voluptuosa, emana de esta marina apacible en que parecen invero-símiles los naufragios; son risas subacuáticas de náyades retozonas lo que riza y ondula el cristal del agua, y, para mayor mitologismo, ayer he visto saltar a corta distancia a los delfines —que llaman golfines aquí—. Me siento bajo el quitasol, en un peñasco excavado de oquedades colmas de agua, donde corretean vivaces cangrejillos y se desperezan actinias cabelludas. Y miro, miro, aletargado el pensamiento. El niño sale de la tienda de cam-paña: viene encogido, a remolque, deseoso de ocultarse, con esa repulsión instintiva de las criaturas al agua, o mejor dicho, a la primera sensación de frío y al terror de lo inmenso. Admiro su torso, gentil, que empieza a perder las redondeces crasas del bebé y a estirarse un poco, con tendencia a ser musculoso y firme, tallado en roble. Admiro sus brazos adorables, su pie delicado, su vientrecillo, igual a una de estas conchas trigueñas y curvas; su testa de angelote, de rizos brillantes, sedosos. Detrás de él asoma Annie, agarrándole la mano y empujándole. La franela blanca de su traje masculino, corto de brazo y pierna, es menos dulce de color que su nuca, descubierta, porque la gorra de hule recoge el pelo, no tanto que unos abuelos locos no diableen cerca del arranque de las espaldas. Jamás me he dado cuenta de este carácter étnico, la blancura de la piel inglesa, como ahora. Es un blanco que será desesperante para un pintor: un blanco tintado imperceptiblemente de rosa té, un blanco virginal, «carne de doncella»... La misma blancura a lo Van Dyck se nota en la pierna larga, esbelta, derecha; en el brazo duro, nada corto; en el pie de mármol cuyas uñas descubro que están limadas cuidadosamente, y abrillantadas, sin duda, con polvos de coral, pues una vez más me reproducen la imagen, sensual y delicada, de las menudas conchas traídas por la ola, envueltas en perlas verdosas, resbalantes.

La inglesa se apresura, semidesnuda, púdica y resuelta; se lanza con el niño, animándole: Hip, Baby, go; oigo el chillido del pequeño, acortado, sofocado por la misma violencia de la impresión, y mientras Sardiñete, el marinero contratado para asegurar de todo riesgo a Rafaelín, le coge y le sostiene dentro de las mansas olas, Annie rompe a nadar, diestramente, y se aleja, se aleja, delatada por la ligera espuma que sus brazos y pies levantan al palear avanzando. La veo a bastante distancia, echada sobre el lomo azul de este mar peregrino, mar griego en costas del Noroeste; saco del bolsillo mis gemelos marinos, y entonces me salta a los ojos, acrecentada por el misterioso rielar del agua con ziszás del Sol, la blancura de ondina de los brazos, de las piernas, de la garganta, y la risa silenciosa de la boca emperlada de anchos dientes, otro género de blancura deslumbrante... Pero ¿qué es lo que pasa? Annie ha hecho un movimiento, se ha quitado su gorra de hule, el único recato de su atavío de bañista; el pelo rubio, mojado, se esparce y la rodea de una aureola de serpezuelas de cobre... ¿Sabe que la miro? ¡De cierto! Y, con paladas suaves, casi negligentes, vuelve hacia la orilla, toma al niño otra vez de la mano —imperiosa, pues el chico se resiste a salir y juega en el agua— y de pronto se detiene, sin soltar a Rafaelín.

—¡Sardiñete! ¡Por Dios!... ¡Mi capa! La olvidaba... ¡Está en la tienda! ¡La tiene Flores!...

Mientras el marinero busca la capa que ha de cubrir a la miss, ella permanece descubierta y en pie frente a mis ojos, tal vez los únicos que la contemplan. ¿Para qué pide la capa?... La franela se pega a sus formas como el lienzo húmedo de los escultores a la estatua. Detalle el armonioso y contenido desarrollo de su hermosura. El mar, benignamente, se acerca a la peña donde me siento, se retira, deposita algas brillantes, deja en seco moluscos palpitando de vida... Los áloes son de bronce; sus enormes hojas carnosas y apuntadas se dibujan sobre el cielo sin nubes. Mi cabeza está vacía y mis venas hierven...

Me incorporo, cierro el quitasol, y sin esperar a que miss Annie se vista y vista al chico, emprendo la cuesta que conduce a la torre de Portodor —entre grupos de mimbrales, encinas, castaños, viñedos, oyendo el glugú del agua en los molinos, y el silbo de los mirlos que, digeridas las cerezas de julio, esperan las uvas de septiembre... Corro, porque la mujer me ha arrollado, y necesito estar conmigo a solas, pensar, recaer en el cerebro, libertándome de lo sensible.

Y era claro como la luz que este fenómeno había de presentarse a su hora. ¿Acaso no sé que hay en mí dos hombres, un meditativo espiritualista y un corrompido epicúreo? ¿Ha pasado cerca de mí ninguna manifestación de belleza femenil que no me estremezca? Excepto la pobre Rita... Pero ésa era ya un fantasma cuando la conocí.

Por otra parte, me encuentro sometido a un régimen absurdo. Soledad, naturaleza, alimentación de pescado, fósforo, aire, sueño, el aguijón vital sobrepuesto a la adoración secreta de la Nada... ¿Hay en Portodor otra mujer más que Annie? Las pescadoras son muy gallardas; las señoritas del pueblecillo quizá no dejen de atesorar hechizos para los horteras que vienen a baños y fraternizan y sudan agarrados a ellas en los bailes del Casino Portourense; pero yo no he de aproximarme ni a unas ni a otras. En la duda, las pescadoras serían preferibles... si no fuese la acuidad de mi sentido del olfato y aun del tacto, porque estas sirenas airosas y bravías llevan, textualmente, coraza de escamas de pez. En resumen: he aquí que Annie constituye para mí un peligro: puede echarme a perder la temporada. Cierto que no ejerce el menor influjo sobre lo hondo (¡así, para ella estaban las telas de mi corazón!), pero, a flor de lo sensible, preso me tiene. Con mirada a la vez turbia y lúcida, la recorro, la desmenuzo. Hay horas en que me olvido de Rafaelín; hay momentos en que temo ser arrastrado por mi antojo.

Y véase cómo acertaba Camila, y los murmuradores y todo el buen sentido, cuyos aciertos tienen la virtud de irritarme más que si fuesen errores. Me indigna que una parte de mí mismo éste sujeta a las fáciles previsiones de los cotarros parleros. «Ese solterón va a caer con la miss»... Pues, señores patitos de charca, no caeré, o al menos no caeré como ustedes suponen. Soy jeroglífico que ustedes no descifrarán.

Hasta acertaron en lo de que Annie pica alto y a quien «pone los puntos» es a los señores. Ahora interpreto mejor aquel afán de acompañarnos a Rafael y a mí. Su juego está descubierto... Pierdes el tiempo, cándido trozo de nieve solidificada y teñida con el zumo de un pétalo de flor. No te sueltes el pelo, no finjas haber olvidado la capa para quedarte, chorreante y guanteada por tu tuniquilla de franela, ante mí. Tengo contra ti un escudo, que es la meditación. Te medito, te escudriño con el pensamiento; no encierras para mí atractivo alguno de curiosidad; sé de antemano el género de impresión que puedes ofrecerme; no soy de los que a cada copa nueva y a cada nuevo licor suponen embriagueces distintas, y, libre de ilusiones, aunque no de fervorines de la sangre, me limito a esas ojeadas furtivas del gotoso goloso, que avizora en el escaparate el plato prohibido por su régimen y del cual sabe que, precavido, no comerá.

Comparo el estado de mi espíritu a un entremés que a veces nos presenta el cocinero: una exquisita crema de chocolate hirviente que viene a la mesa dentro de un aro de queso helado, compacto, duro. Cuando te sirves del piperete, Annie, no sabes interpretar mi sonrisilla —demasiado calor—, pero el hielo no se liquidará. No cantes victoria, hija de la pérfida Albión, porque notes la eléctrica sacudida que me causa tu presencia. Yo no soy esa parte de mi ser a quien tu blancura ha trastornado. Yo soy el que piensa, razona, conoce, prevé, diseca. Yo soy el que ama otras cosas muy oscuras, muy sombrías; yo soy el galán de la Negra... Soy su trovador, su romántico minnesinger, capaz de cortarse un dedo, como se lo cortó aquel de la leyenda, para enviárselo a su princesa y dama.

El niño puede distraerme de este ensueño viejo; tú no, aunque juegues a salir de las olas, salvo la franela, como Afrodita...

A diversión tomo el engañarte inocentemente. Ya que tú me has perturbado en mi calma, te perturbaré en tus ambiciones. Gozo en hacerte creer, con indicaciones que aparento que se me escapan a pesar mío, que me traes fascinado, que lucho para no ceder al imán. Finjo suspiros, afecto brusquedades, hago como si tragase frases encendidas, bordo rendimientos, entretejo insinuaciones. Y así que te veo encandilada (no por mí, por mis accesorios de dinero y posición), hago la comedia de la retirada; me llevo a Rafaelín al bosque, a la playa, a los molinos, a los maizales, a los setos de zarzamoras, donde nos ponemos como dos bandidos, y echándome a cuatro patas, le digo a la criatura:

—Súbete: soy tu caballo, o tu pollino, como quieras... Para ti, nenito, soy asno. ¡Solo para ti!

XIV

En el juego y desquite que mi cerebro se toma, entreteniéndose en presenciar y aún en provocar conflictos espirituales, encuentro un aliciente inesperado: además de Annie, otra persona está pendiente de mi escarceo. ¡Ya me lo sospechaba yo! Por lo visto, Desiderio Solís ha caído; había caído, por mejor decir, en las redes de la común enemiga y conservadora del género humano...

Vuelvo a concentrar mi atención, un momento distraída por un ampo de blancura en una encarnación femenil, en el alma que creí atormentada, complicada y simpática a la mía, del joven futuro preceptor... No, preceptor no; no temas, Rafaelín; te buscaremos un guía no tan fácil en soliviantarse, en aturdirse al olor del mosto de la mocedad; un hombre en quien se hayan sedimentado las pasiones y que adore los libros; vendrá el viejecito cura bibliófilo. Para mí, Desiderio, has bajado muchos peldaños de la escala de valores. Soñar otras cosas, bueno; soñar a la mujer, y de esta manera anticuada, prevista, folletinesca, con arrebatos de celos y con sufrimientos enervantes, como el vulgacho... eso no me interesa absolutamente nada, y me produce una reacción de humorismo, que demuestro manteniendo al incauto en perpetuo estado de excitación y tortura. ¡Sufre, alma sin valor ni fuerza, sufre... o elévate, como yo, hasta más allá de los dolores y los goces pequeños..., hasta más allá de las epidermis de nieve, rosas y demás cursilerías!

A cada mirar insistente que en la mesa dirijo a miss Annie; a cada palabra significativa que entre ella y yo se cruza, veo estremecerse a Desiderio, y noto la descomposición de sus facciones, de su cara turbia y movible como el mar. A la hora del baño, estoy convencido de que, si le aplicásemos a Solís un termómetro clínico, se apreciaría elevación en su temperatura. Adolece de una cotidiana pasional, una calentura de león. Más tarde, está caído y deshecho; sus ojeras amoratadas descubren la alteración de su organismo. Su violín solloza, y de noche me complace extrañamente escuchar el gemido de las cuerdas, que me parecen la queja de un condenado lamentándose más allá de la sepultura... ¿Por qué me recreo en oír desesperarse a este hombre a quien he querido sacar de la miseria? ¿Es mi eterno desprecio al sentimiento, al dolor, a la flaqueza, a la necedad de mis... prójimos? ¡No, eso no; yo prójimos no tengo, ni quiero tener!

Degradado por el suplicio celoso, acaso el más humillante de todos, Solís se rebaja hasta espiar. Juraría que de noche se quita los zapatos y viene a pasos tácitos y furtivos a pegar el oído a mi puerta, movido de sospecha vil, obsesa la imaginación por esa terrible facultad que desarrollan los celos materiales, de representarse los sucesos fantaseados con el realce y la plasticidad de lo escuchado y visto. Yo disimulo con arte supremo, en el cual hallo una distracción digna de mí. Veo retorcerse al poseso y sonrío desde mi altura, y tiro de los hilos que mueven la mecánica de sus furores y de sus sensaciones crueles, y me complazco en formarme, con este ejercicio, unos músculos morales de acero templado...

Por las tardes se alivia un poco el mal de Solís: nota que yo paseo en compañía de Rafaelín y que no trato de coincidir con la inglesa. Sin duda él ha intentado ofrecerse a Annie por acompañante, y sin duda Annie, cada vez más cebada en lo que cree mi conquista, le ha dado buenas despachaderas, marchándose sola, en su bicicleta, por las carreteras polvorosas. Bajo la presión de su idea fija, Solís se agrega a mí, unas veces desde que salgo de casa, otras como por casualidad: agregarse a mí, en efecto, es un modo de seguir a Annie los pasos y saber que, por lo menos, no está conmigo; es la antipirina de su fiebre. El alivio, el respiro que le dan estos paseos, en los cuales se mitiga su rabiosa psicalgia, se nota en su fisonomía: va hasta jovial y expansivo, con la involuntaria alegría saltante que presta la desaparición de un dolor de muelas furibundo... A veces, me divierto en aguarle la fiesta, diciendo negligentemente:

—No sé si encontraremos a miss... La he dicho la dirección de nuestro paseo... Como ahora tiene bicicleta...

El artefacto deportivo había venido de Vigo, la población europeizada más próxima a Portodor; y nos sucedía encontrar en las carreteras a la joven, seductoramente masculinizada por los bombachos de paño café y leche, la media escocesa y la gorrilla de tela blanca; sofoquinada por la rápida carrera, alborotadas, las guedejas color de cerveza blonda. Ante mi movimiento retráctil, pues yo no quería ir con ella, la miss sonreía maliciosamente, me lanzaba los dos rayos de zafir doblete de sus pupilas y continuaba pedaleando...

Desiderio, ante aquella ojeada que no se dirigía a él, me insinuó evitar las carreteras; eran lo trillado, lo previsto del paisaje. Nos dedicamos a explorar un costado de Portodor, en el cual, desde nuestra llegada, no habíamos sentado el pie todavía. Aun siendo la parte más selvática de la comarca, era, en conjunto, amable y risueña; las orillas del río Andía, para mí familiares en los primeros días del despertar, después del semisueño brumoso de la infancia.

El río próximo ya a desembocar y perderse en la ría, se hace más profundo y caudaloso, y sus márgenes, no encajonadas entre montañas, como las de otros ríos de la región, están guarnecidas de mimbres, alisos, cañaverales y sauzales frondosísimos. La flora es vivaz y rica: hay lirios morados y amarillos, y abunda una planta, cuyo nombre ignoro, que echa unos ramilletes de flor de un rosa vivo, con emanaciones de almendra amarga. No solo al que tiene, como yo, aguzado el sentido del olfato, sino a todos, probablemente, una fragancia o un olor, aun siendo grosero, les reconstituye íntegro un momento de la conciencia, tal vez borrado, perdido en ese archivo oscuro donde se van almacenando los sucesivos estados del alma. El balsámico olor de las umbelas rosa me retrotrajo, instantáneamente, a la hora de mi adolescencia, en que, deprimido por caídas y enfangamientos, apretado del mayor dolor, que es la vergüenza moral, vi en el fondo del río unos ojos de tinieblas que me llamaban, y estuve a pique de irme hacia ellos, abriendo los brazos y exhalando el «¡Por fin!» de todos los ansiosos amores...

Reconocí la peña donde me había sentado en la hora de la tentación. Y, deseoso de ahondar en Solís, se me ocurrió volver a ocupar el mismo sitial, a la misma melancólica hora de Sol poniente, cuando en el río cabrilleaban los mismos flamígeros toques, y se ensombrecen los mismos remansos lóbregos. Siempre me ha complacido reproducir lo externo de una situación cuando falta lo interno, a fin de proclamar una vez más que no tiene valor alguno lo que nos rodea; que somos nosotros los que nos proyectamos sobre el paisaje y el ambiente. Y, tomando pie de esta observación, afectando la necesidad de confianza, que es una de las flaquezas de nuestro espíritu, enteré a Solís de lo que aquel paisaje me recordaba.

—¿No es cosa rara que se desee con tal vehemencia dejar de ser?

Al formular esta pregunta le observo.

—¡Qué ha de ser raro eso! Lo extraño es que deseemos vivir, don Gaspar —contesta el mozo—. Debe de estar bien claveteado allá dentro de nuestro ser lo que llaman instinto de conservación, cuando todavía no se ha despoblado de humanidad el globo. Tenemos mil razones de morir, y ninguna de continuar sufriendo esta broma pesada.

—¿No cree usted que somos ahora más felices que en otras épocas? Los adelantos...

—¡Los adelantos! ¡Maldición en ellos!... —exclamó violentamente—. Los adelantos, en nuestro país actual, ahondan las diferencias sociales; se consagran al dinero. Los pobres, los que estamos debajo, tenemos la ventaja de ver cómo todo, o casi todo, lo que se refina en la civilización y en la cultura, es para una casta, la casta dorada... a la cual nunca hemos de pertenecer. Soy de casta de cobre. No hablarme de adelantos.

—Sin embargo, amigo Solís —insinué traidoramente—, hay muchísimas cosas que lo mismo son de los dorados que de los cobrizos. Los goces intelectuales, por ejemplo...

—Don Gaspar..., yo he empeñado a veces por dos pesetas mis desencuadernados libros, atestados de notas y apostillas... Yo me he retirado del Ateneo porque no podía pagar las cuotas... Yo, obligado a pasarme las mañanas traduciendo patochadas a diez duros el tomo, me he embrutecido en esa tarea de macho de noria... Yo no he podido ver trabajar a la Duse, porque no me gusta estar prensado en el gallinero, y no tenía para butaca... ¡Hábleme usted de placeres intelectuales!...

Miré hacia el río, del cual se elevaba una frescura sepulcral, y arrancando distraídamente un ramillo de flores rosa, jugueteando con ellas, deslicé:

—¿Y el amor? Ahí tiene usted algo que ni reconoce cobre ni oro... Esa fruición nos iguala.

Solís saltó, convulso. Se notaba en su voz la furia repentina.

—¿Qué nos iguala? Basta que usted lo diga... ¡Para los cobrizos, las del arroyo! Si tenemos aspiración hacia una mujer bonita, inteligente, delicada... allí estará uno de la casta de oro con su oro en la mano, y suya será la victoria... ¡Cómo si no lo supiésemos!...

Y rompió en una risa sardónica, insultante.

—Father —gritó Rafaelín al pie de la peña que me servía de asiento—: ¡mira un pez! ¡Un pez que salta del río!

—Una trucha, alma mía —respondí acariciándole—. Eso prueba que en el río hay hondones, y los niños no deben acercarse a él. Según eso —insistí dirigiéndome al profesor—, ¿usted no está a bien con la vida?...

—No estaré a mal cuando vivo —declaró torvamente—. Incurro en la contradicción general... Nos quejamos de la carga y no soltamos el lastre... O intentamos soltarlo una vez, y no lo conseguimos... y ya no se repite el intento. ¿Verdad que es curioso? Tomamos una resolución... La estorba una nimiedad... Nadie nos obliga a resolver; nadie nos impide volver a la carga... y no volvemos. Y las circunstancias son las mismas o peores; y no volvemos. Y estamos convencidos de que deberíamos volver; y no volvemos. ¿Seremos necios?

—Somos una red de contradicciones... No somos animales lógicos...

—Pues hay que serlo —decidió Solís, contundente—. Persuadidos de que una cosa conviene, se hace... Y se hace por cuenta propia y ajena. No comprendo cómo los que se salvan no salvan a la vez a algún amigo... o enemigo. ¡Es tan fácil!... En la barca hay sitio para muchos náufragos. ¿Y por qué no darse, antes de partir, un refinado goce? Vea usted: este goce es concedido igual a los cobrizos que a los dorados. No: mejor a los cobrizos, porque los dorados están reblandecidos, y no tienen el valor del gesto supremo...

—Sí —pronuncié retándole con una mirada serena y fija—, recuerdo su artículo de usted en El Ideal, un periodiquito... Allí desarrollaba usted la misma tesis.

—¿Llegó usted a leer aquello? —preguntó entre receloso y halagado.

—En efecto: lo leí. Es un artículo tranquilizador. Lo entendí como deben entenderse las lucubraciones que se confían al papel. Aunque no soy escritor, sé que en cuanto una idea sale de nosotros y cae sobre la hoja blanca, es como si se deja destapado un frasco de perfume: cátalo desvirtuado... No creo en lo que se escribe.

—En lo que yo escribo, crea usted lo mismo que en lo que digo...

La amenaza del rival me arrancó una sonrisa. Paré la estocada, murmurando negligentemente:

—En dichos creo menos aún... Escribir, hablar, son las válvulas por donde desahogamos lo superfluo de la actividad del cerebro. Remedio probado contra los impulsos absurdos que nos precipitan al disparate o a la acción prohibida o criminal. El alma se liberta con rasguños y palabras, con aire y papel. No soy nada amigo de máximas; pero reconozco que del dicho al hecho... Fanfarroneamos hasta con nosotros mismos; nos contamos mentiras, nos juramos que haríamos esto y lo otro... y nada hacemos, en puridad. Aire, ceniza de voluntades y deseos...

—No todos somos iguales, don Gaspar —recalcó Solís—. Hay hombres en el mundo que han nacido cómicos; que, no teniendo auditorio, se representan comedias a sí mismos. Hay también hombres —añadió con glacial y cortante reticencia— que no pueden figurarse ciertos modos de sentir, o porque su sentir es obtuso, o porque no lo afinaron las desgracias, los conflictos, las tiranías de la vida... El dorado, que encuentra todo preparado a su gusto, mesa puesta y alrededor de la mesa una reunión divertida y amable, mujeres que le sonríen, parásitos que cantan su gloria... ése ¿qué sabe de lo que se puede llegar a soñar para sustituir con el sueño todo lo que nos ha negado la realidad? El único goce de dominación del que ni posee riquezas ni poder ni amores... tiene que ser ése: extinguir... ¿No lo comprende usted? —insistió, enviándome la pregunta como un soplo de lo desconocido.

Resistí su mirada y se la devolví saturada de menosprecio. Y no lo hice por afectación: era que, realmente, en aquel momento, le menospreciaba. Su teoría de que el abismo del alma se colma con riquezas, poder y amor, era para mí el más mezquino de los dislates. Estaba, el supuesto intelectual, a la altura de los pintorescos mendigos, más alegres que yo, cien veces más dichosos, a quienes limosneamos el domingo y que me creen monstruo de la fortuna porque tengo siempre mucho y bueno que comer y en la faltriquera monedas que repartirles. ¡Eres un mendiguillo, Desiderio! ¡Y todo por un pedazo de carne blanca, donde la naturaleza incrusto dos cuentas de vidrio azul y plantó un matorral de hebras de pelo color cerveza blonda!...

—Father —dice la voz pura—: mira, ha vuelto a saltar el pez... Péscalo, ¿di? Quiero verlo.

—Si lo pesco morirá... ¿Te gusta que muera?

—No... ¡Pobre pescadito!... Morir no —declara el nene, y fija en mí su cándido mirar, asombrado de algo que no comprende.

Luego, asiéndose a mi mano, articula:

—Father, dime, anda... ¿Qué es morir? El pescadito, si muere, ¿cómo quedará? Y su Father,¿llorará por él, di?

XV

El día siguiente a la tarde en que pasamos este diálogo Solís y yo, domingo era, y había limosneo. Conservo y restauro esta costumbre, procedente del tiempo de mis padres, no porque me parece caritativa, sino únicamente por encontrarla estética, complemento adecuado de la torre de tostadas almenas picudas, inútiles para la defensa, pero bonitas sobre el celaje. Además, ¡el niño goza tanto con la distribución!, razón babosa que ejerce sobre mí suma fuerza. Nos sentábamos bajo el emparrado, entonces cubierto de pámpanos, entre los cuales comenzaban a pintarse de un carmín claro aún los racimos. Al lado, la fuente gorgoriteaba su canción monótona y deleitosa. Frente a nosotros, descubría la vista la extensión de la ría, espejeante, rebrilladora, salpicada de espuma un momento por el brinco de un delfín, o cortada por el vuelo airoso de una barca de pesca, tendida el ala de su vela latina. Los puertecillos de la costa agrupaban diminutos, como casas de juguete, su caserío. Olía a helechos frescos, a madreselva y a soplos de mar, que llega-ban por bocanadas. Yo, cauto, me provistaba de un frasquito primoroso de sal inglesa, por si los mendigos esparcían su acostumbrado vaho a hormigas, a salmuera, a aguardiente de caña en estómagos mal nutridos.

Presos los perros, irreconciliables enemigos de los pobres, presentaba el mayordomo el cestón atestado de trozos de pantrigo —no de sobras, eso lo prohibía yo, sino de mollete fresco y de tortas de borona—. A Rafaelín se le entregaba un bolsón repleto de cobre. En mi bolsillo danzaba plata menuda, para los casos de mayor simpatía o capricho de la criatura. Los pordioseros, según orden que se les había dado, aguardaban formados en doble fila.

Yo conocía ya a muchos de ellos; pero cada domingo venían algunos nue-vos, de otras parroquias, atraídos por la fama que cundía de mi liberalidad y buen corazón. Se respetaba jerarquía y antigüedad: los de la parroquia eran socorridos primero, luego los de las circunvecinas, por orden de proximidad a Portodor. La expresión de todas las caras, o de casi todas, es de júbilo y de una malicia humilde, como la de los legos bobos que fían en Dios y chorrean esperanza. La presencia de Rafaelín les saca de sus casillas, y ríen más, y exclaman cosas más chuscas y optimistas; vejezuelas desdentadas ríen como niños de pecho; vejezuelos reumáticos, arrastrándose sostenidos en un palo, ríen plegando el rancio cuero de su cara de manzana tabardilla muy madura;

un lelo ríe de felicidad al tocarle la manecita del nene, y se olvida de decorar el mendrugo; un ciego es el más jovial, y se empeña en mosconear en la zanfona y en dedicarnos coplas alusivas, aduladoras, donde nos llama reyes.

—¡Peseta para el ciego, Father! —suplica el pequeñín. Y allá va la peseta...

Una mujer flaca, que lacta a dos gemelos, es la única que pone gesto melancólico; pero al darle Rafael ración doble y peseta, ensarta bendiciones y sonríe, desenfurruñada. Un chiquillo de unos ocho años se adelanta con una esportilla, marmoneando no sé qué.

—¿Tú quién eres? No te habíamos visto.

La de los gemelitos explica:

—Es de Naimor... Es así, tiene la habla trabada... Pide para su abuela, que está encamada con la paralís...

Rafael, entonces, se adelanta, coge de la mano al chico, y misteriosamente le entrega algo.

—¿Qué le das, Faelín? Si no te riño; si no te riño...

—Un bizcocho mío; es mío, es mío; que no lo quise con el topolate... —y en la voz hay una entonación de protesta.

—Bueno, querido. Traiga usted más bizcochos —ordeno al mayordomo, que extraña un poco la orden—. Vas a repartir tú bizcochos ahora, cielo.

Enfaenado Rafael en distribuir el contenido de la bandeja, entre el coro de «¡Vivan cuanto deseen! ¡Dios le guarde de una envidia! ¡Dios le haga santo!» de los pordioseros engolosinados, no advertí que dos señoras subían la cuesta que conduce desde el pueblo de Portodor a la torre. Hasta el mismo instante en que desembocaron en el camino de serventía que rodea la tapia del patio, tampoco era fácil verlas, porque los viñedos hojosos, los matorrales de zarza y saúco, los brabádigos y los altozanos del terreno lo impedían. Me levanto, me precipito, echo mano al canotier... ¡Sorpresa! Son Camila y Trini, risueñas, con sobrealiento, bajo quitasoles de seda tornasolada.

Sin duda buscaban precisamente esto —cogerme desprevenido, en plena vida libre— a ver qué posición adopto cuando estoy solo... La emboscada es doblemente cautelosa, puesto que Camila, hará una semana, me escribía desde Madrid que Trini no acababa de decidirse a venir a las aguas de San Roque, y que más bien la veía inclinada a tomar el rumbo de Alemania, deteniéndose una semana en París. Es indudable el complot. ¿Qué importa? La visita me distrae...

Lanzo las inevitables exclamaciones de admiración...

—¿Qué es eso? ¿Caemos mal, por casualidad? —pregunta Camila derrumbándose en el pretil, porque viene que no puede más de la subida—. Ya ves, hemos seguido tus indicaciones; nos presentamos por la mañana a pedirte de almorzar...

—Sentiría mucho que le causásemos molestia... —murmura Trini, confusa—. Camila me ha animado tanto... Me ha dicho que usted le había dicho en Madrid...

—Por Dios, Trini... ¡No sé cómo manifestar a usted que estoy verdaderamente agradecido!... Venga usted, venga a descansar un momento a casa, a arreglarse; en fin, a lo que quieran... Pronto almorzaremos... Miss Annie —ordeno a la inglesa, que acababa de presentarse, súbitamente, de piqué verde claro, con una rosa lacre en el corpiño—, ¿quiere usted hacerme el favor...? Estas señoras...

Y dándome cuenta del motivo porque la inglesa, con un molinillo dentro, no se mueve, lleno la fórmula:

—Miss Annie Dogson, la señorita que cuida del pequeño... Mi hermana..., la señorita de Dávila...

Si con afectación se inclinaron las damas, con rígida tiesura cabeceó Annie. Dijérase que una barrilla de hierro pasaba a lo largo de su espinazo.

—Gracias, Gaspar —exclamó Camila—; no nos hace falta arreglarnos por ahora: el camino es corto; un cuarto de hora para cruzar la ría y una hora de coche... El ratito de venir a pie es lo peor... pero no hay tiempo de notar mucha fatiga; son diez minutos...

Desde que Trini había llegado, no apartaba los ojos de Rafaelín. Le miraba encantada, sorprendida, sin duda, de su belleza. De pronto, con movimiento simpático, se bajó y le tomó en brazos.

—¡Es el niño! ¡El niño! —repitió enfáticamente—. ¡Qué precioso! Parece un angelito de los que se ven en los cuadros de Murillo... ¿Pedirás a Dios por don Gaspar, eh, nenito? Pídele mucho.

—No va a entender, Trini... Dígale usted que pida por father. Don Gaspar es un personaje que para él no existe. ¿Verdad, baby? Soy su papá... en inglés.

Como la señorita se disponía a besarle en los carrillos, miss Annie se interpuso rápida, dando una orden secatona:

—Baby... shake hand.

Desiderio Solís, que bajaba la rampa emparrada que conduce desde la cocina de Portodor hasta el patio, se paró en firme al ver a las señoras. Hubo en su gesto algo de esquivez felina, si así puede decirse; fue la retracción de una alimaña sorprendida en su cueva. La cueva de Solís, ¡ya la conozco!: es la sombría madriguera de sus pensamientos desesperados y ansiosos, entre los cuales se revuelve. En esa madriguera me encuentra a mí y me destroza a mí; y se acentúa la intensidad de mi goce al desafiarle, y en un desenfrenado imaginar me figuro la pronta supresión de la existencia que puede darme un loco lúcido como éste, al filo del cuchillo o a la bala del revólver... Experimento una fruición de orgullo, íntima, deleitosa, y, encontrándome a la altura de un poeta favorito, comprendo la gentileza del morir, y, sobre todo, la gentileza de jugar con la sensación del peligro oculto, inminente, como se juega con un lindo kriss malayo de afiladísima hoja serpentina, envenenado con zumo de euforbia. El atractivo de todos los seres que por un momento han fijado mi atención, solicitado mis sentidos, hasta buscado en el camino de mi corazón —Rita, Annie, Camila, Trini, el mismo Rafaelín— cede, se eclipsa ante este amor antiguo como mi juventud, esta curiosidad y sed del gran Secreto... Ya que no me decido a ir, a paso tranquilo, hacia él, que venga él a mí, sin las decadencias de la enfermedad, sin las torturas de los padecimientos, sin los delirios de las fiebres y con el hechizo peculiar del drama psicológico... ¿A que no es verdad, menguado Solís? ¿A qué no te resuelves, una mañana...? Yo te daré valor, pobrecillo celoso de la podredumbre, de la mísera carne de la mujer. Te estiraré el cordel, te haré tascar el freno en los pocos días que nos restan de verano y de baños salobres. Y estoy de ello seguro: nada ocurrirá digno de referirse; tu amenaza tácita o explícita será otro poco de aire; no sabrás proporcionarte y disfrutar la sensación suprema, el trago de infernal ambrosía de suprimir con tus manos una existencia humana... No serás tú quien me haya asustado, profesorzuelo; no están nuestros espíritus al par. Espera...

Y le llamo, complaciéndome en saber yo solo lo que tiene de significativo el rostro descompuesto y demacrado, la chispa siniestra del mirar de Solís. También interpreto perfectamente la vislumbre de satisfacción que le causa la presencia de las dos señoras. La misma sospecha que hace fruncir el rubio ceño a Annie, despeja momentáneamente la frente de Solís, que se acerca titubeando.

—El futuro ayo de Rafael, don Desiderio Solís... Mi hermana, etc....

Trini es la más espontánea: le tiende la mano con afabilidad; él, entre remiso y lisonjeado (no son sino sacos de vanidad estos aparentes bohemios), la estrecha desmañadamente. Camila le mira, reprobando para sí las negligencias de su atavío y sus maneras hoscas, insociales.

Toda esta escena, más breve que mi relato, se desarrolla entre el corro de pordioseros, los cuales, a fuer de genuinos mendigos españoles, se interesan más por lo que sucede a su alrededor que por su negocio de pedigüeñería. Las mujeres, con la boca abierta, no se sacian de admirar los trajes de batista floreada, los sombreros frondosos y botánicos de las dos señoras. Una medalla de Juana de Arco, cercada de rubíes calibrés, que Trini ostenta al cuello, les arranca exclamaciones admirativas y bendiciones desinteresadas. Trini se apresura a registrar su bolsa de malla de oro, y a distribuir el cambio que lleva. Luego, acepta mi brazo para subir la rampa.

Desiderio Solís, después de unos instantes de angustiosa vacilación, se resuelve a ofrecer el suyo a Camila. Ella hace que no ha visto la actitud, y sube derecha, sola, prontamente, como quien conoce bien los lugares donde se encuentra. Solís se encoge de hombros, creyendo que no le veo, para fanfarronear con miss Annie, que acaba de dirigirle una mirada irónica. Rafael nos precede corriendo, alborozado, guiando a Trini, con la cual ha hecho migas; y, alzando cuanto puede su manita, le cuenta cosas:

—Tengo un pero así de gande... Lo pendieron porque muede a los pobes... Yo no quero que los mueda...

Entramos en la «sala de la torre». Camila se encarga de explicar a Trini esas cosas que se explican siempre al que pisa una casa por primera vez. Sobre el sofá hay un retrato de mujer, con el pelo en moño de rizos, los hombros caídos, el corpiño picudo de talle y el cuellecito blanco vuelto, característicos de la moda de 1860.

—¡Cómo se te parece esta señora! —exclama Trini.

—No tiene nada de particular... Es mamá —dice Camila.

La mirada de Trini pasa del retrato a la cara, no de Camila, sino mía. Toma un pretexto para mirarme —lo he notado—. Quizá esta mujer ha pensado mucho en mí a solas. Viene, me parece indudable, bajo el influjo de una inquietud dolorosa respecto a miss Annie. Para Trini, como para la muchedumbre, yo me entiendo con la nívea inglesa... Y siento un chispazo de cólera al reconocer que, una vez más, el sentido común de las gentes no es tan vano y hueco como pensamos los soberbios, que nos situamos fuera de la grey; porque, no hace veinte días, si me dejo llevar del instinto...

Visitan la casa las señoras, gustosamente. Se detienen mucho en recorrerla. Lo que las interesa, al parecer, es la distribución de las habitaciones. Camila lo revuelve todo, lo pescuda todo, con su ojeada maliciosa, digna y escandalizada a la vez. El examen resulta inquietante. Yo ocupo, en el segundo piso de la torre, un cuarto no muy amplio; detrás de él, en otro más chico, duerme Tadeo, mi ayuda de cámara; y enfrente, dos habitaciones de dimensiones iguales, separadas por un pasillo, corresponden a Rafael y miss Annie. El primer piso de la torre queda reservado para un salón. Y al cuerpo de edificio, detrás del despacho y comedor, está relegado Solís. De aquí, los espionajes nocturnos. Le veo que observa a Camila y nota su actitud; diríase que los dos pensamientos, las dos sospechas, se encuentran, cruzan y abrazan en el aire, como dos espadas desnudas. Al contacto de la sospecha de Camila, la de Solís acaso se hace certidumbre.

XVI

Nos sentamos a almorzar. Camila, frente a mí, preside. A su derecha, Rafaelín. Solís, al otro lado. A mi derecha, Trini; la inglesa, en el puesto inferior, a la izquierda.

Convencido como estoy de que la mayor parte de nuestros estados psíquicos, aunque jamás carecerán de razones de ser, las tienen frecuentemente tan ocultas que ni nosotros mismos las traducimos y analizamos, no he intentado explicarme por qué aquel almuerzo fue una hora excepcional en mi vida; por qué desde que Trini se colocó a mi lado, comprendí su deseo y su sinceridad, y presentí el desarrollo que iban a tener los sucesos.

La mesa lucía un adorno muy vulgar, pero encantador: canalitos de vidrio liso llenos de agua en que refrescan flores y ramillas tiernas de helecho. Eran como riachuelos dormidos sobre la blancura del mantel. Dado que en Portodor andamos mal de jardinería, Tadeo se había ingeniado y traído del río buena provisión de las umbelas rosa que huelen a almendra amarga; y el ligero olor, avivado por el calor y la frescura, me penetraba en el alma como un cuchillo de oro. El cocinero, aunque careciendo, según decía, de mil recursos que no faltan en Madrid, había sacado partido de la mariscada y pesca tan abundante en Portodor, y desde las menudas anchoas hasta los filetes de lenguado a la Monrny y el rodaballo a la Teodora braseado al champagne, el menú, casi magro, era para despertar el paladar del más gastado gastrónomo. Trini, que habitualmente come poco, animada por mis bromas y mis obsequios, estuvo hasta glotona; dos veces se sirvió el rodaballo, ensalzándolo. Solís, aliviado de su tortura al notar cómo yo atendía a Trini y cómo ella se esponjaba dichosa, y un tanto excitado quizá por los excelentes vinos que ordené a Tadeo que sirviese, empezó por destacar alguna frase y, al fin, habló brillantemente, desplegando ingenio, conocimientos y buen humor irónico, que descargó sobre el pueblecillo de Portodor, sus notabilidades, sus festejos, su casino, sus bellezas. Trini se reía; hasta Camila desfrunció el entrecejo, sonrió y dos o tres veces aprobó.

Annie era la malhumorada silenciosa. A medida que adelantaba el almuerzo, se acentuaba su hosca frialdad: con leves pretextos reprendió ásperamente, en inglés, a Baby; el pequeñuelo hizo un mohín llantero, mimoso; Trini le echo un beso volado, le hizo un guiño de inteligencia. Los ojos azules, de claro doblete de zafir, se oscurecían, y los labios bien cortados temblaban de ira al notar que el niño se entendía con otra y que a esa otra yo le presentaba un fruto, le servía una salsa, le ponía vino en el vaso. Alegando que Baby no debe permanecer tanto tiempo seguido en la mesa, levantose al servirse el asado, intentando llevarse al chiquillo; pero Trini intercedió:

—Miss Annie, ¡por Dios!, déjenosle hoy, un día es un día. Rico, Faelín, ¿verdad que te quedas?

Entiendo: le hago un signo a la inglesa —nada más que un signo, pero de amo—, y no hay remedio, mi voluntad se impone; el aya, en señal de protesta, se retira. Entonces el almuerzo se hace más íntimo, más atractivo; Trini respira, libre de las ojeadas de cristal azul; Camila, con toda su altivez, se encuentra también más a sus anchas; Solís especialmente se alegra; ¡mi acto de energía le da a entender tantas cosas! Radiante, salpicada de champagne su nada tersa pechera, vuelve a sostener la conversación con un esprit periodístico ameno y maligno a la vez. Después de un ditirambo al «inflado» javanés con que termina el delicado almuerzo, propongo ir a tomar el café bajo el emparrado, en la enorme mesa de piedra toda bordada de vegetaciones que el Sol metaliza. Allí nos sentamos... y —¡yo no me miento nunca a mí mismo!— viendo a Trini con Rafaelín en brazos, explicándole por qué una mosca se ha preso las patas en el azúcar de un platillo, lo cual el pequeñín celebra con risas gorjeadas, con exclamaciones de asombro y gozo, me encuentro feliz. El sortilegio del niño sobre la mujer actúa visiblemente; el grupo inefable, símbolo de la vida, se ha formado y estrechado al influjo del aire, de la libertad, del alejamiento de las ciudades, de la naturaleza, en fin. Mientras yo fumo mi cigarro, Trini juega con el niño; juegan a partir piñas y a descascarar piñones, sirviéndose de una piedra, y las risas aumentan y el chiquitín toma confianza, y tiraniza a Trini como me suele tiranizar a mí, y la empieza a soltar letanías de cariño:

—Trini bonita, Trini buena, Trini de mi corazón...

Ella se anima, se entusiasma también. Pasamos las horas calurosas de la tarde bajo el toldo de parra, oyendo surtir el agua, esa agua tan fresca, tan leve, tan digestiva, que bebí de niño con los carrillos sofocados de correr. El danés, Vértigo, sentado gravemente a mis pies, abre por turno el ojo derecho y el izquierdo y estremece una oreja cuando le importunan las moscas. El ambiente es pesado; pero a cada minuto lo abanican brisas de mar. A eso de las cinco, al empezar a aplacarse el calor, propongo que bajemos al pueblo, alquilemos un bote y demos un paseo por la ría. Es muy probable que caigan algunos panchos. Tadeo llevará anzuelos, cordel y el cesto para recoger lo que se pesque. La proposición es acogida con transportes de júbilo por el niño, con satisfacción por las señoras. Invito a Solís, que rehúsa, y no invito a miss Annie: acabamos de verla pasar alla a lo lejos por la carretera que atraviesa la parte baja de la posesión, cabalgando en su bicicleta muy bien ensiluetada, muy airosa, muy decidida.

Vamos, pues, en familia, sin mercenarios de lujo. Desatraca el bote. Sardiñete, el marinero, rema despacio, de un modo insensible; su hijo, un rapazuelo de unos quince años, coge la caña del timón. Nosotros echamos la liña y esperamos que el pez pique. Trini ayuda y aconseja a Rafaelín; le enseña a tener la cuerda quieta y a dejarla flotar según él derive, casi imperceptible, del bote. Trini, en toda esta jornada, se muestra mañosa, útil, viva. Al sentir el primer tirón, el chico pega un grito de alegría nerviosa, tan penetrante, que el pez se asusta e intenta huir, y no lo consigue, porque ya está enganchado. A la luz del Sol poniente vemos encorvarse y palpitar su cuerpo de plata, y, arrancándolo del anzuelo, se lo entregamos a Rafaelín. La criatura coge el pececillo; pero, al notar su agonía, la gota de sangre que mancha sus agallas, quédase un momento pensativo, y después rompe a llorar, escondiendo su preciosa cara en el seno de Trini, que le cubre de caricias.

—No se pesca más, rico —dice ésta—. Se acabó la pesca por hoy. Verás; a este pescadito le volvemos al agua y se pone tan contento y se va junto a sus hermanitos, a contarles que por poco nos le comemos frito esta noche.

—¿No mere el pescado? —pregunta, entre sus lágrimas, Rafael.

—No mere, vidita, no mere: ahora rompe a correr tan contento, y va a tomar café con sus amigos, y a fumar, como tu father.

La risa sucede a las lágrimas. Por debajo del agua transparente, el niño ve desaparecer el cuerpo del pez, en relampagueante fuga.

Se recogen los avíos de pesca. ¡Rafael es el que manda! Mi alma flota, se disuelve en la placidez infinita de la hora moribunda. Hace bochorno; no corre un soplo de viento. El Sol, allá en la línea del horizonte, desciende abrasado al fondo del agua oscura. Cae la noche, y apenas desaparece el astro, surge claridad, no de la Luna, que no se deja ver, ni de las estrellas, altas y diamantinas, sino de la misma sábana del agua, que se enciende en hervor nupcial, como inmensa luciérnaga. Resplandores glaucos parecen venir del fondo de las olas, permitiendo ver las mirladas de peces que cruzan sus profundidades y que son como remolinos de prolongadas hojas de estaño, arrastrados por una corriente de esmeralda pálida, derretida. El remo abre surcos de lumbre fosforescente y al subir derrama cascadillas de gotas luminosas. El pálido incendio nos alumbra con reflejos fantásticos de linterna chinesca. El niño pregunta, y le explico el fenómeno como puedo. Estoy cerca de Trini, y siento en aquella noche de verano, en que arde hasta el agua, su atractivo; pero estoy seguro de que no se trata de un estímulo material, de que es la criatura quien vuelve a llevarme hacia el hogar, hacia la paz, hacia la aceptación de la existencia completa, vivida y transmitida a otros...

Camila nos da el alto: tienen que volverse al balneario; la excursión exige hora y media lo menos, ¿cuándo llegarán, y qué pensarán de ellas los demás bañistas?

Trini, suspirando, exclama:

—¡Qué lástima! ¡Qué buen día se ha pasado!

Saltamos en la playa, y ofrezco otra vez el brazo a Trini para llevarla hasta el coche, que ya las espera al extremo del muelle. Es un breve momento de soledad y de confianza. Camila se queda atrás, a propósito, entreteniendo al niño, enseñándole las redes de pesca que negrean entre el blanco arenal.

—Gaspar —murmura Trini con voz temblona; y noto el golpeteo de su corazón contra mi brazo derecho—; tiene usted un niño que es un hechizo. Me voy prendada de él.

—¿Lo quiere usted a su lado siempre, Trini? —respondo, en un arranque violento y espontáneo—. Ya sabe usted que se lo había ofrecido...

—Eso fue un día... Ahora... usted... ya... Y yo, entonces, no había visto al pequeño...

—Ahora, igual... si usted... —y estrecho el brazo; y el brazo contesta a mi presión con otra muy ligera, pero sensible... La respuesta del brazo es definitiva.

—Hemos quedado —advierto a Camila— en que volveréis a pasar aquí el día del jueves. Iré a esperaros en el desembarcadero. Y antes, es probable que me aparezca en San Roque...

XVII

Y apenas se aleja, con ruido apagado de rodadas, el coche que lleva a las dos señoras, entrego a Tadeo la criatura soñolienta, para que la suba en brazos a la Torre, hago una seña a los marineros y vuelvo a saltar en el bote.

—¿Caradónde, señorito?...

—Adonde queráis... Un paseo.

Escupen en las manos y vuelven a empuñar remos y gobernalle. Pausadamente, la barca corta la sábana de lumbre pálida y verdosa. Caigo en pleno ensueño. Por última vez —a mí mismo me empeño la palabra, me entrego a esas conversaciones interiores, en que dialoga mi doble yo. Por última vez fumo opio... Dejo colgar el brazo sobre la borda, y al rozar el agua parece mi derecha bañada en un livor sobrenatural, la estela del barco es un trazo prolongado de lumbre, como el rastro de un cometa en el firmamento. Es preciso que yo diga adiós a los antiguos fantasmas, mis perseguidores, mis tétricos amigos; es preciso que salga de mi espelunca, y no vuelva más a ella; tengo que transmigrar y encarnarme en esposo, en ciudadano.

El agua se engalana como para un funeral con esta luz mortuoria, que me recuerda la tez de espectro de Rita Quiñones; y de entre las praderías de algas, donde ondulan vegetaciones de pesadilla, una forma se alza, semejante a una de esas vislumbres que tiemblan al movimiento de las múltiples capas de agua, y cuyas líneas se disuelven, entre las gasas trémulas y fingidas, velo de los abismos. El que ve surgir una de esas apariciones inciertas y borrosas, hijas del consorcio de la fantasía con lo real, nunca deja de atribuir a la visión forma femenina. Cree discernir, fugitivos en su diseño, los brazos que han de enlazarle, el cabello donde se ha de enredar, la boca que ha de envenenar la suya, el flexuoso torso que se pegará a su pecho. La mayoría de los hombres hace surgir de la oscura profundidad el amor. Mi visión, confusamente alumbrada por la fosforescencia de las ondas, es de muerte, y su boca, al acercarse a mi boca, la cuajaría en eterno hielo...

El cuerpo de mi sirena no es blanco, su pelo no es rubio: tiene su forma lo indeterminado de los senos sombríos de donde sale, y su melena se parece a la inextricable maraña de las algas, suspensas, enredadas y penetradas por esta luz líquida. Creo verla ascender despacio, ávida y amenazadora, como si me dijese: «Eres mío, no me huyas...»

—No soy tuyo —protesté—. Puedo huir. Me basta con desearlo. He jugado contigo a un juego peligroso: basta ya. Quiero vivir. Vete...

No se iba. Agarrada a la borda con sus manos de sombra, fijaba en mí los mismos ojos magnetizadores que había fijado desde el fondo del río. Y me llamaba, me llamaba... Un sudor de angustia humedeció mis sienes, y, por un hábito pueril, por uno de esos gestos maquinales que se han hecho en la niñez y que sobreviven a todos los procesos analíticos, demoledores, de la edad madura, bajé dos dedos, alce otros dos y tracé sobre mi frente la señal de la cruz...

En el mismo instante el agua palideció; sus reconditeces se velaron, y como se extingue una bengala de teatro, se extinguió la fosforescencia, dejando el agua incolora, tranquila, en la densa cerrazón de la noche.

—¿Se apaga el agua así de pronto? —pregunté a los marineros.

—Sí, señor... Siempre pasa así en agosto. Dura muy poco la claridá. Aún hoy duró más que otras veces.

—Vamos al muelle —ordené, como avergonzado de mi impresión y temeroso de que me la conociesen; avergonzado del sentimiento, hasta en presencia de tan ínfimo auditorio.

Salto a tierra. Emprendo la caminata a la Torre de Portodor, cuyas iluminadas ventanas veo desde el muelle lucir como un faro. Voy determinado a desenredar mi espíritu de los laberintos en que me he perdido siempre. Ahora creo discernirlo con lucidez total: estaba enfermo del alma, y es la salud lo que han de darme las dos supremas representaciones de la existencia: el Niño y la Mujer. El reto que acepté era insensato y absurdo, como era nefando y monstruoso el amor que me había inspirado la Guadañadora. Cuando yo provocaba y exasperaba a Solís, la buscaba indirectamente a ella; glosaba una cuarteta conceptuosa que me embruja la imaginación:

> Ven, muerte, tan escondida
> que no te sienta venir,
> porque el placer de morir
> no me vuelva a dar la vida...

Subiendo por el sendero campestre donde, entre el olor recio del mar, flota el almizclado vaho de esos escarabajos negros, enormes, nombrados en el país «vacas de San Antonio», formo mi plan. Mañana mismo llamaré a miss Annie, la daré rendidas gracias por sus servicios, la haré generoso regalo y la enviaré a Vigo, en un buen coche. A Desiderio Solís le enteraré de que mi matrimonio es cosa acordada; le ofreceré un sueldo no despreciable en concepto de administrador y secretario, y le advertiré que estos cargos los puede desempeñar fuera de mi casa, y que así lo deseo. Y añadiré todo lo que baste a curar los escozores de sus dudas y convertirle en amigo mío, al menos en indiferente. Y después... Ya veremos: ante todo, conjurar este peligro; salir de esta situación anómala en que me he puesto voluntariamente, jugando con mi propio destino, por una caprichosa fantasía de poeta. Sí, ahora entiendo la verdad: yo soy un poeta loco, a quien las herencias de melancolía de las edades dramáticas y de los antecesores desdichados, habían llevado a desear el aniquilamiento... Penetrado de esa curiosidad palpitante que da fiebre a las novias la víspera de sus bodas, yo esperaba ansioso, estremecido, lo que iba a ser de mí en poder de una fiera por mí mismo azuzada y desencadenada. Me había complacido en crear eso que llamamos fatalidad, con la sustancia de mis deseos, mis orgullos y mis antojos. Quizá la fatalidad no existe, si nosotros no la fabricamos. En esta hora de sana voluntad me parece que todo el giro de mi suerte es mi obra. Soy yo quien ha soltado en mi propia casa al tigre de los celos, y le he visto avanzar exhalando su ronco rugido, y en vez de enjaularlo, me he complacido en admirar su manchada piel... Ahora entiendo cuánto daño pude hacer, no solo a mí, sino a todos. Destejamos la infernal tela; aprisa, borremos la huella de nuestros pasos, pisando al revés.

Mi proyecto era conferenciar aquella misma noche con Solís, dejando para el día siguiente la entrevista con miss Annie. Al llegar a la Torre, supe que el profesor, algo indispuesto, se había acostado, y que la institutriz tampoco bajaría a cenar, por sufrir una jaqueca muy fuerte. A otro perro con ese hueso; bien adiviné lo que ocurría. Solís y ella se habían peleado; ella trepidaba de despecho y cólera de haber sido excluida, suplantada. Me encogí de hombros. Mañana las siluetas de estos dos seres, en mi espíritu, quedarán borradas de la pizarra con una esponja...

Cené gratamente, abierta la ventana, por la cual entraban la lejanía y la calma de la noche. Terminada la cena me levanté, y me puse de codos en el antepecho a respirar. Recordaba que en otras épocas me había acodado así, para contemplar las tempestades, que son en Portodor magníficas e imponentes. Caen rayos a centenares, zigzagueando sobre el mar; un espectáculo sublime. Ahora no se movía una hoja; algo de neblina, presagio de calor, empezaba a alzarse. Yo sentía ese temblor secreto, ese comienzo de embriaguez que causa todo cambio en nuestro destino. Me esforcé en pensar en Trini; pero la Seca todavía quiso interponerse. «Te he vencido», murmuraba yo... Y me reía de la derrota de la muy coqueta, que me trae al retortero desde tantos años hace, sin realizar nunca sus promesas de darme el olvido y el descanso.

Serían las diez y media cuando subí a mi cuarto, no sin decir a Tadeo que no le necesitaba. El servidor se quedó abajo, trajinando, recogiendo. El silencio era total: no se escuchaban ni ladridos de canes, ni flauteos de sapos. Entré en mi dormitorio y cerré, sin echar la llave. Sonaron unas pisadas ligeras en el pasillo, y antes de que hubiese tenido tiempo de dar vuelta al grifo del lavabo, sentí que llamaban a mi puerta unos dedos sonoros, de metal. Acudí a abrir, y me quedé perplejo, pero no sorprendido, al encararme con miss Annie. La inglesa venía muy guapa, es justo reconocerlo; su pelo de luz, sencilla y hábilmente recogido, y su traje de linón gris, de corte original, exageraban su aire pudibundo y prerrafaelista; era una deslumbradora girl de cromo, de esas en cuya cara la rosa se disuelve en leche y el carmín se afina con transparencias de cristal. Olía bien —sin duda usufructúa los perfumes de Rafaelín— y, en suma, llegaba a tiempo, si no se interpusiese entre ella y yo algo nuevo que se había apoderado de mí.

Entró con marcialidad, derecha y seria, y ya dentro, dio vuelta a la llave.

—No conviene que nadie nos interrumpa —dijo autoritariamente.

Me quedé mirándola, silencioso, sin protestar. ¿A ver por dónde descargaba el nublado? Y ella, acercándose con desdén, y trepidando de cólera y soberbia, profirió, en el buen español que gasta, solo extranjerizado por el acento:

—Es preciso que hablemos claro, don Gaspar. Conmigo no se juega. Reclamo una contestación categórica. La señorita Trini, ¿es o no es novia de usted?

Sonreí, ofrecí con el gesto un asiento en mi mejor butaca a la quejosa, y contesté al desgaire, graduando el efecto de mi respuesta, para que molestase más:

—Naturalmente que esa señorita es mi novia. Pronto nos casaremos. ¿No se lo había dicho ya? ¡Qué distraído soy! Discúlpeme, miss Annie.

Un momento permaneció estupefacta la inglesa. No quería fiarse de sus oídos ni de sus ojos; no porque fuese inverosímil que yo tuviese novia, sino porque era humillante que se lo notificase así. Las naturalezas orgullosas se resisten a admitir la realidad de lo que las rebaja; el primer movimiento de la altanería ofendida no es la indignación; es la sorpresa. En aquella modesta institutriz era altanera la raza, la civilización de presa y de fuerza de donde procedía; era altanera su convicción de que a la mujer se la debe lealtad. Cerca de medio minuto tardó en recobrar, no la palabra, sino la acción. Eso sí, la acción la recobró por entero, súbitamente. Avanzó sobre mí, y su vigorosa palma de jugadora de tennis y ciclista, huesuda bajo la morbidez, cayó sobre mi mejilla, respondiendo al claqueo de la bofetada un dolor vivo, un escozor violento, un desquicie de dentadura, una serie de sensaciones que todas actúan sobre lo puramente animal de nuestro organismo, provocando en los hombres de baja educación el ejercicio del palo y del puño, y en un hombre más culto, otra reacción diferente... Porque no sé yo quién será el varón resignado a quedarse en situación tan ridícula como la de verse abofeteado, y no con blandura, por una mujer, a puerta cerrada, de noche, y cuando, anteriormente, esa mujer ha depositado en sus sentidos un germen de impureza y de miseria fisiológica. Ciego y disparado, aproveche, pues, el momento en que miss Annie, todavía amenazadora, permanecía inmóvil, y la enlacé y envolví y ahogué entre las elásticas serpientes de mis brazos, riendo a carcajadas, con risa nerviosa producida por la excitación que el golpe me causaba. La defensa encarnizada de la mujer recrudeció mi repentina barbarie; y cuando digo la mía, digo mal; la de aquél que no era yo, o, al menos, no era mi yo humano y consciente, sino uno de los varios hombres que hay en cada hombre, que cometen lo que aborrecen y se preguntan después:

«Pero ¿cómo he podido? ¿Cómo me he dejado llevar de tal locura?...», sin encontrar respuesta.

Ella, al pronto, hería, pegaba, mordía, usaba de sus tiñas, de sus dientes, de sus pies; pero yo, nervioso, frenético, luchaba sin sentir los golpes, y la sujetaba e inutilizaba su defensa. Cuando arranqué un jirón de la tela sutil de su corpiño y vi la blancura de su piel, me ofusqué del todo. ¿Qué más? El resto fue para ella el ultraje, para mí el pecado —ese pecado hermano de la muerte; el pecado que nos acecha en cada latido de la sangre y en cada anhelo de la respiración—. La vi desplomada, sollozando con angustia infantil; después la vi erguirse, desmelenada y echando espuma, epiléptica. No supe qué decirla: me encontraba sin cerebro. Me limité a dar vuelta a la llave —ella no acertaba— para que saliese. La mirada que me echó no fue ya de reprobación ni de furor: fue esa ojeada de la alimaña atrapada en el lazo, herida, sangrante, y que recoge para la última dentellada lo que le queda de fuerza vital. Si existiese en la mirada el poder que algunos antiguos autores le atribuyeron, yo me hubiese caído allí mismo redondo, a los pies de la mísera mujer a quien acababa de robar su única hacienda, su única prez —más que la vida...

—Annie... —tartamudeé—. Annie... Oiga...

Ella seguía mirándome terrible. Sus labios se agitaban sin articular palabras. Con mano insegura arreglaba su peinado, juntaba maquinalmente los trozos desgarrados de su ropa. Lo incorrecto la dolía tanto como lo impuro. Se volvió un momento, y desde el umbral me escupió, en inglés, la injuria despreciativa; algo equivalente a

—¡Pillastre!

XVIII

Tadeo se presentó a los tres minutos. Venía azorado: sin duda había oído desde abajo gritos roncos, ruidos de lucha.

—¿Quiere algo el señor? Me parecía...

—Nada... Váyase usted...

Se fue, sin convencerse. Las caras diplomáticas de los criados ¡qué expresivas son! Me acosté y no pude dormir. Un devaneo de insensatez se apodero de mí. Me sentía envuelto en lodo, hecho de lodo, y lo peor era que el lodo que me formaba discurría y se juzgaba a sí mismo, y se encontraba doblemente lodo, no tanto por el delito perpetrado, como por lo instintivo, lo vulgar del delito —mero impulso—, y por haberlo cometido en perjuicio propio. ¡Escoger para la inicua barbaridad la misma noche en que, del mar apacible y desembrujado, de los setos y matorrales enflorecidos, de la risa de un niño, de la ternura maternal de una mujer, había nacido para mí el porvenir, la aceptación de mi suerte, mi reconciliación con el mundo! Las hieles del mal me tiñeron de negro el corazón; la roezón del gusano infatigable que me devora desde la niñez se hizo insufrible; creía ver su cuerpo anillado, blanducho y sus mandíbulas córneas, en movimiento. Al levantarme, en la Luna de mi armario, me encontré caduco, deshecho, agobiado, maduro para morir.

Morir, sí... ¿Quién ha pensado en otra cosa? Es lo único que puede realizar mi destino, lo único que colmará de una vez mis afanes infinitos, mis nostalgias sin forma y sin nombre. Ayer era casi dichoso. ¡Ah! ¡Una sola noche sin dormir, cómo modifica nuestro concepto de la existencia! Por un sueño tranquilo, total, cambiaríamos todo el oropel, toda la farsa, todo lo que es más sueño que el sueño... ¡Y pensar que tenemos el sueño dulce, constante, igual, eterno, en nuestras manos, y que titubeamos en cerrar los ojos, en revolvernos preparándonos al delicioso letargo; en extendernos cómodamente antes de perder de un modo insensible, sin notar el momento de la transición, la amarga conciencia de nuestro existir! Dada la media vuelta, adiós contrariedades... ¿Miedo? ¿Aprensión del dolor? Si tengo frialdad para prepararlo todo bien, lograré lo que en el sueño fisiológico: no me daré cuenta del paso de esto a aquello... Apenas un estremecimiento, una convulsión instantánea, un gemido, un esguince... y después... la nada... Sí; incrustese bien en mi cerebro lancinado la idea: nada. En la sima, únicamente hallaré tinieblas, limbos, lo vago, lo caótico de la desintegración de mis elementos, asociados para sufrir...

Me levanto pensando en lo que me he propuesto. No tengas celos tú, mi antigua amada; te he sido infiel, pero ya vuelvo a ti. Espérame, que tardaré poco.

Tadeo entra a servirme el desayuno. Viene inquieto, enigmático. Su cara acartonada de criado de alta sociedad y alto salario le vende un instante, cuando distingue, al pie de la butaca que yo había brindado a Annie, una horquilla de celuloide con chispas de estrás. La recoge y, respetuoso, la coloca sobre mi mesa de tocador.

—¿Se ha levantado ya miss Annie? —pregunto, dominando la ronquera que producen las emociones.

—¡Miss Annie! Señorito, ¡cuánto hará que se ha levantado, que hizo su baúl y salió hacia el pueblo! Dice que se marcha a Vigo en el primer coche, el de mediodía. Y la acompañó don Desiderio; ella le aviso; le mandó recado, tempranito. El señor dirá cómo se ha de hacer con el niño y quién le va a cuidar.

¡El niño!... Mi hijo... el hijo de mi voluntad, de mi aspiración, de mi cariño espiritualizado, superior al instinto... ¡Y yo que no pensaba en él!

—Allá voy ahora mismo —dije, precipitando el cepillado de mi pelo y rechazando el chocolate.

Al niño —cuenta mía es— hay que dejarle bien acomodado, bien seguro en la tierra... No se lo legaré a Camila, sino a Trini, ya que un momento ha parecido tener entrañas para él... Si es preciso, me uniré a Trini en matrimonio, y al regresar de la iglesia... Quizá esto sea lo mejor. ¡Ea!, a poner en práctica lo decidido... Cuanto antes. Hoy mismo iré al balneario. Si Trini accediese, antes de una semana... Fingiré impaciencias de hombre súbitamente entusiasmado y que quiere lograr pronto su deseo, temeroso de que, al correr el tiempo, el deseo se gaste... Engañaré a Camila, que me ayudará ignorando mis verdaderos fines... ¿Serán estos planes el disfraz de una cobardía ante el acto supremo? No; es lo contrario; es que el acto no será en mí fruto de un arrebato, sino cristalización de aspiraciones y tendencias continuas, contra las cuales ya no tengo defensa. Bien me he resistido... Ya no batallo. Seca mía, venciste. Te llevo en la masa de la sangre. Abre tu tálamo frío...

....

Han transcurrido pocas horas desde que así pensaba... y en ellas cupo el suceso más espantoso... No sé cómo decírmelo a mí mismo, en mi autoconfesión... Y el suceso es lo de menos; nunca un suceso vale nada... Los efectos del suceso en mí... Soy otro, y de esta vez, soy otro para siempre.

¿Cómo se ha inmutado mi ser? He aquí lo que no comprendo, lo que me confunde, y al mismo tiempo me inunda de dolor y de felicidad... No acierto, ni quiero, con el análisis de este sentir. Dos fuentes son mis ojos, y el manantial está tan adentro..., tan adentro... y se encontraba tan cerrado, tan intacto... que de fijo no lo agotaré nunca...

Reconstruyo la escena a esta hora avanzada de la noche, entre la majestad del silencio, con la ventana abierta, el chisporroteo de las velas encendidas, hallándome libre de la sociedad humana, solo y acompañado... ¡Basta! Tengo que escucharme a mi propio, tengo que intimar conmigo..., tengo que persuadirme de esta maravilla que en mi resplandece. ¡En mí! ¿Y qué puede importarme sino lo que es en mí? En mí mismo es donde todo sucede para mí, aunque lo produzca algo que no soy yo...

¿A ver?... Las once de la mañana serían cuando Solís regresé de Portodor, habiendo dejado a Annie en el coche de Vigo. Desde la estrecha terraza que sombrea el emparrado, y en que yo estaba sentado madurando mis proyectos, con el niño —¡el niño!— jugando a mis pies, vi distintamente al profesor asomar y esconderse reiteradamente, según le cubría o no el follaje de los robles o el matorral de zarzales. Aun cuando su faz, a causa de la distancia, no era sino una mancha blanquecina, se advertía en esa mancha algo desusado, y en el andar, lo mismo. Sin embargo, no venía lo que suele entenderse por descompuesto, y era doblemente aterrador notar cómo la resolución comunicaba no sé qué de automático a su andar, y, cuando se hubo aproximado, cómo su rostro, del color enfermizo de la arcilla blanca y seca, se había crispado y metalizado. Sus ojos, sangrientos, despedían un brillo de piedra preciosa, como el de las pupilas de los felinos. Era la salvajina que ventea el momento de saltar y destruir.

Llegó ante mí, se paró en seco, sin hacer, ni por cortesía, la indicación de saludarme, y deslizó la mano derecha en el bolsillo de su cazadora. Los artificiosos convencionalismos del respeto, la mentira social, habían desaparecido. Ni él era el asalariado, ni yo el protector. Nos igualaba una situación dramática, anterior, en la historia de la humanidad, a salarios, contratos y servidumbres.

—Ya supondrá usted a lo que vengo —profirió, apretando los dientes.

—Sí, me lo figuro —respondí desdeñoso—. Ha hablado usted con Annie y trae el propósito de matarme. Falta —añadí, cediendo a mi espíritu de altivez sentimental— que tenga usted valor para ello.

—Valor me sobra; pero... no soy un asesino. Vaya usted por su revólver y véngase conmigo ahí, al bosque, detrás de la piedra de la Moura, a que arreglemos este asunto.

—Lo puede usted arreglar más fácilmente sin eso. No pienso defenderme —contesté con la mayor sinceridad; era, en efecto, mi propósito: ella venía a mí... y yo, cansado y anheloso a la vez, abría los brazos para recibirla y para estrecharla...

—Se defenderá usted, cobarde, mal caballero, villano —gritó Solís, añadiendo algunas de esas interjecciones y calificaciones lupanarias con las cuales la estupidez cree reforzar el alcance y sentido de la injuria—. Se defenderá usted, porque le voy a dar un bofetón en el otro carrillo, en el que no tiene usted hinchado de mano de mujer.

Y su puño se tendió como una palanca de hierro, y me hirió brutalmente, en pleno rostro. Asomaron a mi nariz gotas de sangre, que salpicaron mi pechera, y entonces oí el llanto desconsolado de Rafaelín, que chillaba:

—Father! Father!

No hice caso de la aflicción de aquel cariño inocente... No hice caso. El negro velo en que ella se envuelve flotaba ante mis ojos. Lo había olvidado todo, todo, menos que iba a encontrarme con la maga de mis ensueños; que iba a dormir, saturado de láudano, en su fresco regazo de sombra. Sacudí la cabeza; hice un gesto de indiferencia y perdón, y mirando a Solís, cuya cara era la de un precito revolviéndose entre el fuego que le calcina, exclamé:

—No me defiendo. Haga usted lo que quiera. Pago mi deuda... Le agradeceré que despache pronto.

—Lo que quiera, ¿eh? —repitió él con atroz ironía—. Pues ya que se empeña usted... —y enviando otra vez la mano al bolsillo, sacó el revólver. Vi el reflejo del Sol en el cañón y, al mismo tiempo, sentí que me besaban ardientemente unos labios suaves. Solís disparó dos veces... ¿Cómo sucedió lo que sucedió? Hay acontecimientos sin fácil explicación para quien en ellos figura. Hay un instante en que las cosas pasan como quieren pasar, sin que, arrastrados por el torrente de los hechos, podamos intervenir, ni comprender siquiera. Preciso es suponer que, al apuntar Solís, o yo me desvié involuntariamente, rehuyendo lo que deseaba, temiendo el instinto lo que buscaba la mente, o el pulso del homicida vaciló, haciéndole torcer la puntería la misma furia de su alma. Ello es que, después de las dos detonaciones, yo me sentí ileso y vi a Solís hacer un gesto y lanzar una exclamación de horror, correr un instante como si le persiguiesen, volverse, meterse el cañón del arma dentro de la boca y caer hacia adelante, extendido, como un pelele que se sale fuera de la manta. Y, a mis pies, yacía el niño —un niño distinto de Rafaelín, porque era de cera, un niño como el que yo había visto en mi sueño macabro la última noche que velé a la madre...

—Hijo mío —grité desde el fondo de mi espíritu—. ¡Hijo, nene, mi tesoro! ¡Socorro! ¡Socorro! ¡Tadeo!, ¡Tadeo! Vengan, acudan... Muerto, muerto mi niño...

Y le estrechaba, y le besaba, y las lágrimas —para mí desconocidas— afluyeron, como afluyen ahora, ahora que velo al santito, tendido sobre una colcha de seda azul, cubierto de flores y más céreo, más blanco que nunca... ¡Dispararon sobre mí, y cayó Rafael! No tiene sino una explicación el caso horrible... La criatura, al ver que me hería en la cara el puño de Solís, corrió hacia mí llorando; y no pudiendo alcanzarme para besarme, hizo lo que otras veces: subió medio a gatas por el declive de la rampa de piedra que orilla la terraza, rampa en que yo estaba apoyado, y se puso a mi altura, hasta llegar a mi rostro. Los dos proyectiles fueron para él: uno le alcanzó en el brazo que levantaba; otro, por el sobaco, penetró en el pulmón, abrasándolo instantáneamente...

He conservado a la víctima todo el día en mis brazos. No me saciaba de mirarle. Apenas he respondido a los interrogatorios, a las chinchorrerías de la justicia humana, que empiezan a caer sobre mí. He dado dinero, he sembrado billetes, para que se me deje en libertad provisional y con el cuerpo de Rafael. En mis declaraciones he tratado de salvar a todos; a miss Annie, la instigadora, para que no se la persiga; a Solís, para que no se infame su recuerdo. He ordenado que se le hagan toda especie de honores póstumos y no he querido ver su cadáver, que se han llevado para las necesarias diligencias. A mí, que me permitan estar con mi niño, el que dio por mí su vida, sellando el sacrificio con un beso celeste...

¿Qué me dices, niño de mejillas blancas? ¿Qué me sugieren tus labios de rosa tronchada, y tus ojos vidriados, y tu sonrisa graciosa, y tu aspecto de Jesús durmiente sobre la cruz de su martirio? ¿Qué efluvios me vienen de ti? ¿Qué siento, qué pienso, qué quiero, en esta velada en que no reposaré, por hacerte compañía hasta el último momento en que tu frágil forma vuelva a la tierra?

He aquí lo que me murmuró tu boca helada; el aire que me trajeron tus alas invisibles:

Se me figura que mi corazón, aquel corazón hastiado, recocido en todos los amargores de mi siglo, curtido en egoísmo, me lo han sacado del pecho. Fuiste tú quien me lo arrancaste de allí, con tus deditos hoyosos, cortos, menudos; me lo quitaste como se quita un insecto venenoso de la ropa de un ser querido, para que no le muerda, ni le dé grima, y lo sacudiste y lo aplastaste, y en el sitio de aquel corazón de cordobán, me pusiste uno de carne humana, reblandecido en llanto, confitado en humildad, transverberado por la herida del arrepentimiento...

¿Será verdad? Corazón, respóndeme. ¿Eres tú el desesperado que andaba perdido de amor romántico por la Seca, y corría tras ella, con perversión de potencias y sentidos?

No; aquél no eres. Aquél era viejo, y se habrá deshecho en ceniza. He aquí que tengo un corazón virgen, joven, sangrante, limpio como una hostia. Un corazón que se ha curado de las aberraciones de la muerte y también de las concupiscencias de la vida. Un corazón resignado, apiadado, leal, que solo desea expiar y arrodillarse para que lo levanten del suelo, o, si no merece tanto, lo dejen en él...

He aquí que me complazco en postrarme, quebrantada la dura cerviz de mi soberbia, asqueando de mi sensualidad, avergonzado de mi dureza, fuera del laberinto de complicaciones miserables en que se perdió mi espíritu... He aquí que me siento sencillo, pequeño, bienaventurado.

En esta noche decisiva, me veo claramente, veo el horror de lo que fui; veo mi gangrena y mi lacería, ocultas bajo apariencias de elegancia moral; veo en mí, en el yo de antes, al loco satánico, perverso, al sembrador de odio, al jardinero que cultiva dolores, al vaniloquio que se alzaba más arriba de sus hermanos y compañeros en el breve tránsito... Y me pesa, me pesa, me pesa tres veces, y mis lágrimas lo repiten, cayendo como perlas de mansedumbre, sobre la ropa y el cuerpo del Niño que hizo el milagro en mí.

A cada lágrima, la Seca se aleja un paso: sus canillas suenan más apagadamente en los peldaños de la escalera... La Negra se marcha escoltada por su paje rojo, el Pecado; derrotada, destronada... impotente...

¡Oh Tú, a quien he ofendido tanto! Dispón de mí: viviré como ordenes, y me llamarás cuando te plazca... ¡Pero no me abandones! Tu presencia es ya Tu perdón...

Libros a la carta

A la carta es un servicio especializado para
empresas,
librerías,
bibliotecas,
editoriales
y centros de enseñanza;
y permite confeccionar libros que, por su formato y concepción, sirven a los propósitos más específicos de estas instituciones.

Las empresas nos encargan ediciones personalizadas para marketing editorial o para regalos institucionales. Y los interesados solicitan, a título personal, ediciones antiguas, o no disponibles en el mercado; y las acompañan con notas y comentarios críticos.

Las ediciones tienen como apoyo un libro de estilo con todo tipo de referencias sobre los criterios de tratamiento tipográfico aplicados a nuestros libros que puede ser consultado en Linkgua-ediciones.com.

Linkgua edita por encargo diferentes versiones de una misma obra con distintos tratamientos ortotipográficos (actualizaciones de carácter divulgativo de un clásico, o versiones estrictamente fieles a la edición original de referencia).

Este servicio de ediciones a la carta le permitirá, si usted se dedica a la enseñanza, tener una forma de hacer pública su interpretación de un texto y, sobre una versión digitalizada «base», usted podrá introducir interpretaciones del texto fuente. Es un tópico que los profesores denuncien en clase los desmanes de una edición, o vayan comentando errores de interpretación de un texto y esta es una solución útil a esa necesidad del mundo académico.

Asimismo publicamos de manera sistemática, en un mismo catálogo, tesis doctorales y actas de congresos académicos, que son distribuidas a través de nuestra Web.

El servicio de «Libros a la carta» funciona de dos formas.

1. Tenemos un fondo de libros digitalizados que usted puede personalizar en tiradas de al menos cinco ejemplares. Estas personalizaciones pueden ser de todo tipo: añadir notas de clase para uso de un grupo de estudiantes,

introducir logos corporativos para uso con fines de marketing empresarial, etc. etc.

2. Buscamos libros descatalogados de otras editoriales y los reeditamos en tiradas cortas a petición de un cliente.